·养老问题研究文库·

代际支持失衡背景下社会化居家养老模式设计

吴 飞◎著

中国经济出版社
CHINA ECONOMIC PUBLISHING HOUSE
·北 京·

图书在版编目（CIP）数据

代际支持失衡背景下社会化居家养老模式设计／吴飞著．--北京：中国经济出版社，2022.3

ISBN 978-7-5136-6847-7

Ⅰ．①代…　Ⅱ．①吴…　Ⅲ．①养老-社会服务-研究-中国　Ⅳ．①D669.6

中国版本图书馆 CIP 数据核字（2022）第 044142 号

组稿编辑　崔姜薇
责任编辑　夏军城
责任印制　马小宾
封面设计　任燕飞

出版发行　中国经济出版社
印 刷 者　北京艾普海德印刷有限公司
经 销 者　各地新华书店
开　　本　710mm×1000mm　1/16
印　　张　13.5
字　　数　194 千字
版　　次　2022 年 3 月第 1 版
印　　次　2022 年 3 月第 1 次
定　　价　88.00 元
广告经营许可证　京西工商广字第 8179 号

中国经济出版社　**网址** www.economyph.com　**社址** 北京市东城区安定门外大街 58 号　**邮编** 100011
本版图书如存在印装质量问题，请与本社销售中心联系调换（联系电话：010-57512564）

前言
PREFACE

近年来，随着工业化和城市化的快速发展、代际人口的空间分离、传统价值观念的转变、少子老龄化程度加深，原有的均衡家庭代际支持状态被打破。代际支持失衡造成家庭养老扶持力度下降，也就是说子代对父母提供的养老支持力度减弱。家庭养老力度的降低改变了养老服务的供给结构，家庭内部的代际支持力度下降使养老需求被迫向社会转移。但这并不预示老年人对家庭养老模式的摒弃，社会化集中养老也未形成一种新的取向。调查显示，不管代际支持处于何种状态，中国老年人对家庭养老特别是居家养老的选择性偏爱始终没有改变。因此，兼具社会养老与家庭养老二者之利的社会化居家养老模式成为弥合家庭养老供需矛盾的优化方案。

通过对代际支持变化引起的养老模式演变进行分析，可以得出：在代际支持平衡期，小农经济、家国同构的宗法制度与传统孝道文化共同支撑着传统家庭养老模式；在 1949 年后的一段时间内，在计划经济、单位保障制和集体至上观念的共同作用下，代际支持处于相对稳定期，这个时期家庭养老模式成为主流；改革开放后，由于宏观与微观因素影响，代际支持力度弱化趋势愈加明显，但老年人居家养老意愿并未改变，在市场经济、社会保障制度与新孝道文化的支持与推动下，家庭养老开始向社会化居家养老转变。

从福利多元主义理论视角切入，社会化居家养老服务主体不仅包括家庭，还应包括政府、市场与社会。多元主体在参与、分权与竞争基础上，发挥着各自的优势功能，满足老年人多样化的养老需要。家庭养老向社会化居家养老转变包括以下四种驱动因素：家庭养老服务自我变革的诉求，政府角色转变的政策支持与制度保障，社会服务主体生产能力显著提升，居家养老服务产业迅速发展。家庭、政府、社会、市场共同驱动使家庭养老向社会化居家养老模式转换具备了必然性与可行性。

为了满足代际支持失衡背景下老年人的居家养老意愿，一些经济较发达地区根据其财政收入水平、养老服务业发展状况，试点推行了各具特色的社会化居家养老服务模式。上海建立了政府主导下的购买服务制度，苏州探索“政府+企业”构建虚拟养老院，宁波尝试“政府+NGO”合作供给居家养老服务。各地大胆创新，受到老年人的一致好评。但对于当前的居家养老模式，政府的作用仍较大，即与社会、市场组织合作，非竞争指定型服务承接者较多，缔约规范模糊、合作对象固定，未能充分激发社会、市场组织参与的积极性，服务内容单一、服务质量及水平不高、监管不到位，居家养老模式的可持续性受到质疑。

“他山之石，可以攻玉。”为了应对人口和家庭结构变化，日、韩两国政府通过制度与非制度性手段激励代际照料，提高居家养老家庭支持力；与市场、社会等供给主体协同合作，构建相对完善的社会支持网络；建设多层次、功能特定的居家养老服务设施，根据老人照护等级，有针对性地向老人提供服务；制定照护人才资质准入和照护服务效果评价制度，保障居家养老服务质量。经过多年探索，日、韩两国社会化居家养老体系已相对成熟，由于我国与日、韩文化同源、家庭观念相似，又共同面临代际支持失衡下老年人居家养老偏好，两国经验具有借鉴意义。

综上所述，居家养老模式应改变之前单一碎片化的供给结构，创建多元协同式供给架构。以福利多元主义为视角设计社会化居家养老模式主体，在明确服务“提供者”（政府）与“生产者”（家庭、市场、社会）角色定位基础上，划定各自的职责权限。根据协同治理理论对社会化居家养老供给系统进行建构，明确供给主体、规则、工具、内容，设计完善协同供给网络。健全社会化居家养老模式运行机制，建构文化与制度激励机制、社会资源整合机制和多维监管评价机制，以确保居家养老服务模式顺利推行。

目录
Contents

第一章 导 论

随着经济社会的发展、医疗技术的进步、生活水平的提高，人类的整体寿命得以延长，世界老年人口数量逐年上升。2009—2050 年，预计全球 60 岁以上老年人数量将由 7.43 亿激增至 20 亿，占全球总人口的 22%。预计我国老年人口 2050 年将达到峰值 4.8 亿人，分别占我国总人口的 31%、亚洲老年人口的 2/5 和全球老年人口的 1/4。预期寿命的增长和人口出生率的下降，使老年人的养老服务成为各国政府亟待解决的难题。即便是养老服务业较为成熟的西方国家也是一筹莫展，对老龄化进程快、失能人口比例大、未富先老的我国而言更是困难重重。工业化城市化的快速发展、家庭结构的变化、代际人口的空间分离、传统养老文化的变迁引发家庭代际支持失衡，传统家庭养老模式面临重大挑战。鉴于此，构建与我国经济社会发展水平相适应、满足老年群体居家意愿的养老服务供给模式是社会各界的共同愿景。

一、研究缘起

（一）研究背景

截至 2020 年，我国 60 岁及以上人口已达 26402 万人，占总人口的 18.70%，老年人口数量逐年上升。同时出生人口却连续下降，2020 年总和生育率仅为 1.3。一方面，人口结构老龄化、劳动人口数量直线下降，社会总抚养比升高，社会抚养压力增大。另一方面，现代劳动人口高频率迁移、家庭代际联系下位运行、传统文化价值观念变迁，造成代际支持失衡程度加深，家庭养老强度降低，子代对老年人的养老福利支持力度减弱。家庭养老强度的变化限定了代际养老福利上的供给结构，家庭内部的代际支持失衡使养老需求被迫向社会扩散。但是，老年人的养老需求向社会转移并不代表社会化集中养老模式自然成为一种新的取向。调查结果显示，不管代际支持力度如何变化，我国老年人对家庭养老特别是居家养老的选择性偏爱并没有发生改变。为了满足老年人的养老需要，国家开始探索就地养老的实现路径，在提高家庭养老支持力度的同时，引入社会、市场力量承接居家老人养老服务责任。

国务院2000年转发的《关于加快实现社会福利社会化的意见》提出，要建立以社会福利机构为骨干、社区服务为依托、居家供养为基础的福利服务网络，并于2001年在全国范围内推广“社区老年社会福利服务星光计划”。要求挖掘社会资源，建立社区老人福利服务网络，实现“老有所养”。2006年和2008年，国家先后颁布《加快发展养老服务业的意见》和《关于全面推进居家养老服务工作的意见》，鼓励引导民间资本进入养老服务供给领域，缓解供需矛盾。2011年，国务院发布《社会养老服务体系建设规划（2011—2015)》，要求在2015年基本健全居家养老和社区养老服务网络，满足老年群体的养老需求。党的十九届五中全会进一步提出，要“健全基本养老服务体系，支持家庭承担养老功能，构建居家社区机构相协调、医养康养相结合的养老服务体系”。居家养老服务的改革在不断探索，经过多年发展，我国养老服务供给能力有了显著提升。在政策支持与制度保障下，居家养老社会服务主体规模不断扩大，居家养老服务产业逐渐步入正轨。

在此基础上，一些经济较为发达的城市或地区基于其公共财政能力、当地市场化组织及非政府组织的发展状况，试点推行了各具特色的居家养老模式。上海建立了政府主导下的购买服务制度，苏州推行“政府+商业企业”的虚拟养老院，宁波尝试“政府+NGO”的居家养老服务供给方式。各地大胆创新居家养老模式，受到老年人的一致好评，为在全国范围内推行社会化居家养老服务模式提供了可以借鉴的经验。

但仔细分析不难发现，在这些居家养老发展模式中，政府的作用仍然较大，一些地方政府的合作对象直接由政府相关部门延伸而来，造成购买行为内部化，服务代理方在运行、管理、资金人员等方面仍由政府掌控。这种由具有行政性质的“次级政府”提供的服务，在服务质量、资金透明度、费用核算等方面存在隐患，且这种运行模式需政府投入大量资金，出于财政支撑力考量，服务对象范围不会太大，很难提供普惠性、多样化的养老服务。即使一些地方政府尝试与社会、市场组织合作，但因服务承接者大多为依附政府的机构、政府非竞争指定型机构，缔约规范模糊、合作对象固定，导致社会、市场主体参与积极性较低，服务内容单一、服务水平不高、服务质量缺乏监管评估，可持续性受到质疑。另外，就全国范围来看，普遍存在居家养老服务“提供者”（政府）与“生产者”（社会、市场、家庭）之间难以全面协作的问题，政府内部、各部门之间因责任模糊、财权与事权不一致、缺乏利益整合机制，出现相互推诿和消极怠工等情况。

总之，在代际支持失衡情形下，传统家庭养老功能弱化，急需划分政府、社会、市场等多元主体的职责权限，构建协同信任机制，促进服务提供者发挥优势功能，各归其位、各司其职、资源共享、风险共担、协同合作；以老年人实际需求为导向，以互惠共赢为原则，以现代智慧技术为依托，构建社会化居家养老模式，有序、高效地提供多层次、多样化、专业化的服务项目，帮助老年群体摆脱养老困境。

（二）选题意义

1. 现实意义

第一，明确社会化居家养老多元主体职责边界，提高养老服务供给效能。政府、家庭、社会和市场等多元主体优势功能各不相同，在居家养老服务供给中扮演着不同角色，承担不同责任。政府是社会化居家养老服务的主导者，设计政策制度、整合养老资源、监管服务质量、提供兜底服务。养老服务的生产与递送则由家庭、社会和市场协同完成，家庭养老多出于自愿、自发，其情感慰藉功能是其他主体不可替代的，社会和市场组织提供的服务项目多样，更具专业性、针对性和层次性，是社会化居家养老服务的主要生产力量。当就地养老成为常态后，在社区建立“智慧+”

居家养老服务平台，形成社会化居家养老网络生态系统，通过各主体互惠合作、优势互补，可有效提高居家养老服务的效能。

第二，提高养老服务供需匹配度，缓解供需矛盾。随着经济社会的发展，老年人预期寿命的延长，其养老需求呈现全方位、多样化、专业性、多层次、个性化、高质量等特点。但现实情况是传统家庭养老式微，其他服务主体参与力度较低，供给约束条件多，呈现服务主体各自为政，服务供给零星化、无序化、低水平等状况，远不能满足居家老人的养老需要，供需矛盾突出。因此，基于福利多元主义与协同治理理论，以分权为前提，促进多元主体共同发展，发挥各自优势，提高主体的积极性和能动性。通过技术赋能整合各种养老资源，以居家老人的养老服务需求为导向，协同合作、互惠共赢，变革服务生产与递送方式，提高居家养老服务供需匹配度、认可度和满意度。

2. 理论意义

第一，阐述代际支持失衡这一全新背景，是引发家庭养老功能弱化的直接诱因。通过引入 Silverstein 代际支持稳固模型，分析中国代际支持现状。从宏观层面看，人口结构老化、计划生育政策的推行、家庭结构小型化加速了我国少子化、老龄化的发展；从微观层面看，工业化、现代化过程中劳动人口高频率迁移、家庭代际联系下位运行、子代缺失或供给能力微弱及传统家庭孝道文化规范式微，引发代际支持状态失衡。代际支持是传统家庭养老最主要的支撑力量，代际支持状态失衡造成大量“空巢”、留守、失独、失能老人，家庭养老供给能力不断降低。现阶段修补家庭养老支持网络，构建多元复合式居家养老服务模式成为当务之急。

第二，提出构建社会化居家养老多元协同供给模式。以福利多元主义和协同治理理论为支撑，对居家养老多元主体参与供给的必要性进行分析，在厘清养老服务“提供者”与“供给者”两者区别的基础上对各个主体的职责权限进行明确划分。以协同治理理论为框架，设计社会化居家养老多元主体协同供给架构的构成要素与网络。通过建立文化与制度激励机制、社会资源整合机制与多维监管评估机制使居家养老服务从“单一碎片”向“多元协同”供给模式转变。

二、国内外相关研究综述

（一）国外研究现状

1. 代际支持概念及作用研究

国外关于家庭代际支持的理论研究大概分为三种：①社会交换理论。美国社会学家霍曼斯最早提出社会交换理论，他把交换关系定位于两个独立的个人之间，并认为人们总是喜欢维持对自己有利益回报的关系。布劳认为这种交换是人们依赖他人回报的自愿性社会行动，一旦回报中断，这种活动就会停止。该理论认为代际之间按照“投桃报李”的原则进行交换，交换者以自己的福利最大化为目标，交换的前提是双方有提供回报的意愿和能力。②权力与协商理论。该理论由美国民俗学家古迪（Goody）提出，他认为父母从子女那里获得的支持程度与其对资源（经济、训练、知识等）的控制程度有关，掌握资源较多的老年人能够从子女那里得到更多关注和支持。但在现代社会中，年轻子女在学习运用先进科学技术与知识方面更具优势，增强了其获得除家庭以外资源的能力，子女地位的不断提升，削弱了老年人的权威和家庭地位，并导致子女对父母代际支持的减少。③合作群体理论。美国人口经济学家贝克尔认为，家庭成员的关系犹如合作群体，他们之间存在着有效的利益共同性，以利益最大化为目标，由一位公正的家庭成员控制并有效分配家庭资源，以求达到资源分配的帕累托最优。也就是说，不存在以不降低其他成员的利益为前提改善某个成员福利的分配方案，年轻的成员会为老年人提供更多的帮助和支持，以保持家庭的整体性和利他性。

代际支持关系是由多维因素同时作用的复合状态。Silverstein 和 Bengetson 在前人的基础上提出了一个由六因素决定的代际关系稳固模式：①结构（地理距离等）；②关联（社会交往、行为分享）；③情感影响（情感、亲情）；④功能因素（互惠性的帮助）；⑤共识（分歧意见的统一）；⑥家庭规范（对互惠义务的理解等）。此外，代际支持在宏观层面受经济发展、文化价值观念和社会福利水平制约。在西方，强调独立自由、自我负责和个人成就的个人主义价值观，塑造了松散的亲属关系，家庭成员对其他成员有较少的帮助行为，总体为基于一定距离的亲密。奉行集体主义的东方文化培育出的宗族性价值和社会规范，对代际关系有着基础性和指导性的影响。在奉行崇老文化的国家和民族，人们视孝敬老人为国家和民族价值观的核心。孝顺父母是一个强烈且普遍性规则，孝道植根于人们的道德价值观核心。子女对父母要充分尊重并应在不违反社会规范的前提下不惜任何代价照料年迈的父母，子女的个人喜好相对于家庭和谐处于从属地位。另外，一些学者发现经济较发达和社会福利水平较高的国家，家庭代际支持关系较弱，因为很多福利服务可以通过公共服务体系来获取。

2. 代际支持失衡及其对家庭养老功能影响的研究

随着经济发展和技术进步，人口的预期寿命不断延长，同时人口出生率却逐年下降，导致人口增长率下降，老龄化程度加深，代际支持关系发生重大改变。代际支持关系逐步隐性化。另外，代际支持关系正逐步政治化，转变为一个公共问题。从广义的代际支持关系来看，社会支出不断向老年人口倾斜，政府的财政负担加重，年轻人出于保护自我利益呼吁削减用于老年人口的福利开支，导致围绕福利供给对象与程度的代际冲突。就狭义的代际支持关系而言，人口预期寿命延长、家庭规模缩小情形下，子女照顾老年父母时间延长、强度提高，年青一代增加社会福利缓解家庭负担的呼声愈加高涨。对老年人来说，家庭照料仍具有重大意义，但福利供给渠道要不断拓宽，私人和金融市场的福利供给正在不断增长，“福利混合”程度不断加深，单靠子女提供照护服务并不现实。

对崇尚家庭中心主义的东亚国家来说，人口老龄化和家庭规模小型化日益明显，如日本是世界上老龄化程度最严重的国家之一，中国老龄化增长速率是西方国家的三倍之多，中国必须用最短的时间完善养老基础设施，以满足老年人的养老需要。但是东亚国家的经济文化发展水平和社会福利与欧洲国家相比有较大差距。传统多代共居的家庭结构与支持关系，在现代化进程中变得更加复杂。这种复杂性不断演变为代际间价值观、兴趣点和生活方式的不同。近年来，代际共居比例已经大幅度下降，代际间情感交流和工具性支持因社会经济地位的不同而不同。面对社会变化和经济发展机会，家庭成员的代际支持行为被不断重塑以满足其自身需要。传统以孝道文化为基础的非正式支持的作用逐渐减弱，一些人甚至认为传统的家庭文化观念已经被彻底改造。另外，中国已是一个高速流动性社会，劳动人口大规模迁移导致代际成员更大范围的地域分离。老年人特别是农村地区老年人的资源控制力、家庭权威和经济地位不断下降，但由于公共养老金和长期护理计划的不足仍对成年子女有较高的照护需求；而年青一代受教育水平的提升，更加渴望个人自由和自我价值的实现，长期照料父母的条件并不具备。伴随正在进行的社会变迁，代际之间围绕着支持与反抗，不断产生冲突。

3. 社会化居家养老模式的研究现状

当老年人面临经济和健康问题时，公共养老保障体系就应该发挥作用，如此老年人才不会因得不到子女有效的代际支持而陷入窘境。对此，我们不禁要问还有哪些可依赖的养老福利供给主体及养老福利如何提供？

首先，相比于我国而言，西方各国较早进入老龄化社会，其在居家养老改革方面积累了丰富经验。虽然采用不同福利制度的国家居家养老的供给结构与构成不尽相同，但大多数西方国家居家养老服务的生产与递送由公共部门和第三部门、正式组织和非正式组织组成的多元系统来完成。英国是较早探索居家照料模式的国家，随着国家福利的逐步削减，政府顺势倡导，社区照顾的模式便应运而生。英国的社区照顾主要指通过各种非制度性安排对老年人进行照料和护理，提供照护服务的主体通常为非正式照料者。英国的社会福利项目十分丰富，且福利供给高度依赖志愿者的志愿行为，社会政策对志愿者的支持力度非常大。德国以社团主义闻名，大型志愿性组织在养老福利的供给方面已经足够完善、专业。在社会民主主义国家中，以国家为中心的福利供给制度，降低了个人对家庭的依赖，对国家责任的强调倡导居家老人在不依靠家庭成员间互惠利益交换的前提下最大化地满足个人福利需要。当然政府的合作对象不仅局限于第三部门，如瑞典政府就建立了与商业化组织合作经营的老年护理机构，通过适当引入市场竞争机制，提高居家养老服务供给效率与质量。一些大城市还建立了“城市医疗保健服务有限公司”，为老人特别是收入较高的居家老人提供更为个性化的服务。

其次，就居家养老服务获取的方式而言，国外学者认为福利机构提供的服务和“社区照顾”没有泾渭分明的差别，福利机构的服务与“社区照顾”在许多方面是重叠的，大多数提供养老服务的机构或场所同时具有两者的特点。当然强调利用福利机构向居家老人提供服务项目并不代表鼓励老人入住养老机构接受全方位照护，而是说明社区照顾应建立在老人自立、自强及与社会保持密切接触基础之上，即社区照顾的最终目标是帮助居家老人融入社区，成为社区一员，尽可能提高其独立生活的能力。因此，居家养老服务的获取方式应包括机构型（福利机构、可以住宿或护理的老年之家）、非家庭型（日间照料或康复护理）、家庭型（由家庭、服务机构提供的日常生活照料）。

最后，就居家养老服务的内容而言，在社区范围内为居家老人提供住宿是基本要求，日常衣、食、住、行和自我养老的特殊照护服务十分重要。对于患有疾病或生活不能自理的居家老人，医疗救治、康复保健、基础护理是必不可少的内容。另外，为了满足居家老人精神需要，要为其提供社会交往、教育学习、休闲娱乐、心理慰藉等服务，居家养老服务（范围与信息）获取的便利性也是必备要件。

除此之外，多年推行的机构化养老服务模式的失败让西方国家逐渐认识到，从可利用的公共服务体系中获取福利并不能抹杀家庭供给的重要作用，国家应制定激励政策对家庭养老进行有效支持。良好的国家福利政策能够弥补家庭福利的缺失，可与家庭福利供给相得益彰，为社会弱势个体提供较好的风险保障。国家福利的提供不仅不会挤出家庭福利，反而会鼓励并增强后者的保障功能与作用。因此，对非正式性照料的支持成为一个公共问题，扩大对家庭照料者的支持力度和范围是普遍趋势。其中，对照顾者来说资金支持最为重要，一些学者建议对家庭照料者（大部分为家庭主妇）的财政援助可以通过课税的扣除或减免来实现。但是这种办法并不利于低收入家庭，对这部分家庭最好的办法是提供照顾者津贴。例如，澳大利亚就以照料者津贴和护工费的形式向家庭照料者提供支持；而德国被护理人可以从长期护理保险基金中领取现金用以补贴家庭的非正式照料者。还有一些学者从子女的角度出发，认为应完善劳动力的就业政策，子女的成功和收入的提高可以帮助父母减轻心理负担，保障老年照护的可得性。为此，应努力帮助年轻人成功（在教育、就业、收入和住房保障等方面），使其通过家庭间的代际交换为其父母提供有效帮助。

（二）国内研究现状

1. 代际支持的相关理论研究

国内学者通过西方的代际支持模式来分析中国家庭养老方式下的代际支持行为。许多研究表明，中国家庭的代际支持模式是以父母的需要为中心，家庭中的代际支持行为更符合合作群体模式。张文娟从老年人和成年子女两个角度分别考察了代际双向的经济支持、日常照料和情感支持情况，发现血缘、亲情、社会舆论、传统养老观念对子女的约束取代了传统模式中老年人对家庭资料的支配权力成为代际支持的关键。但是，也有研究者表示，西方学者提出的上述三种模型对中国家庭的代际支持并没有很强的解释力。他们认为，东亚家庭的代际支持主要由与经济发展水平相适应的“责任伦理”中的社会风俗和文化传统来保障，儒家的“孝道”充分说明了这一点。“孝道”是孝道态度与孝道行为的组合。在中国，“孝道”规范通过社会化，早已内化成为人们的自觉意识，这种内化而来的道德观念与道德情操将尽孝加以感性化与绝对化。孝道伦理道德规范在包括中国在内的东亚国家对于代际支持具有很强的约束力和解释力。

国内学者结合社会学、人口学、政治学、经济学等相关理论，从文化背景出发，对我国的代际支持方式做出以下几种解释。

（1）反哺模式。费孝通最早比较了中西方家庭代际关系的模式，他认为中国家庭的代际关系属于抚育—赡养模式，即父母抚养子女，子女成年后赡养父母，为反哺模式。在他看来，这种不同于西方单项接力模式的代际关系是亲代与子代之间的双向交流、均衡互惠的代际交换模式。这种模式很好地体现了中国家庭“养儿”与“养老”的一致性和平衡性，是我国几千年来形成的“养儿防老”思想的基础。郭于华认为中国家庭是以“哺育”和“反哺”为表现形式的反馈型代际关系，表明了代际之间的一种交换逻辑。传统社会中，代际传承和亲子间的互动依循着一种交换原则，它既有物质和经济的有形交换，也有情感和象征方面的无形交换。

（2）社会交换模式。来源于西方的社会交换理论，该模式阐述了权利、互惠、平衡等因素，分析了家庭成员之间的互惠关系。从社会交换角度出发，家庭对老人的照顾是子女对父母养育之恩以经济、劳务或精神慰藉等形式给予的回报。王树新认为父母抚养子女是对未来的一种投资，对下一代的投资自然产生了子女成人后对老年人投资的回报。王跃生认为代际之间的这种交换关系实际上是两代人之间相互协作的关系，彼此都感到对方对自己有用，这种关系具有一定的异时回报性。陈皆明指出，代际之间的交换关系体现了父母与子女之间存在着持久的服务和物质性资源的交换。当然这种代际交换并不是绝对意义上的等价，而是以“一般性互惠”为原则体现为一种互惠、互助过程。这种互助与相互报答只有在有来有往前提下才能正常维持。熊跃根表示，互惠就是家庭内部成年子女和老年人之间在金钱、物质、时间、情感等价值资源方面的双向支持和交换。中国传统的照顾老年人的伦理，体现了“养儿防老”这样一种均衡互惠和代际递进的原则。

（3）经济交换模式。经济交换理论认为，不同年龄阶段的人在经济和社会活动中所处的位置不同，因此拥有的资源也不同，提供产品和劳动的能力存在差异，对社会和劳动服务的需求亦不尽相同，这就产生了代际交换的必要性和代际支持行为。杜亚军认为成年人和老年父母间的供养关系是人类为了自身繁衍而发生的在代与代之间的产品和劳动的一种经济交换。成年人向未成年人提供生活资料、生活服务、教育、医疗服务和必要生产资料，未成年人长大后向老年人提供生存资料及所需的服务供给。这种理论把人定义为“经济人”角色，将成年人对未成年人的抚养视为一种投资，而将老年人得到的养老服务看作基于之前投资的一种回报。

2. 代际支持失衡及对家庭养老功能的影响研究

国内学者从不同切入点为中国的代际支持模式提供了各种解释，具有一定的合理性，为理解隐含在中国传统文化中的“养儿防老”思想提供了思路。这种遵循社会均衡互惠原则的养儿防老模式是否能解决中国家庭的养老问题？特别是随着工业化和城镇化加快发展，传统家庭养老的代际支持模式是否会发生变化？近年来，许多学者发现，传统农业社会中的代际支持模式在现代化进程中遭受冲击，代际支持面临失衡风险，家庭养老功能因代际关系变化逐渐弱化。

（1）人口流动弱化了传统家庭养老功能。以帕森斯为代表的结构—功能主义认为，城市化和工业化致使传统扩展家庭的消亡，取而代之的是核心家庭，成年子女和父母分居关系疏远。针对中国家庭的研究证明了居住距离是影响代际支持的重要因素，代际居住距离的增加阻碍了代际交流的进行。依据王跃生对中国农村家庭代际关系的调查，子女与父母分居尽管不意味着彼此经济联系的减少，但是子女在生活照料上的支持肯定与共居不可相比。随着产业结构调整力度的加大，中国正由传统农业社会向工业化、现代化社会转变，城镇化和对现代化生活方式的追求促使人口迁移的规模日益扩大，“空巢”家庭涌现，导致家庭代际养老的保障功能不断弱化。

（2）核心家庭结构带来的社会风险逐渐显现。子女数量的唯一性，促使代际支持重心下位运行，导致养老供给资源不足。“4-2-1”“4-2-2”家庭结构让独生子女背上沉重的养老负担，家庭养老在保障性和可靠性上发生了巨大变化，老年人的生活质量不断下降。当子女异地就业或遭遇意外，老年人因此陷入家庭代际支持者缺位的困境，前景堪忧。资料显示，截至2020年，“空巢”老年人口已达1.2亿人，随着人口流动速度加快和生活方式的转变，“空巢”现象将更加普遍，预计“空巢”老年人口的比例将突破70%。另据《广州日报》的报道：我国每年新增7.6万个失独家庭，全国失去独生子女的家庭超过百万个，失独群体庞大。大量特殊家庭的出现对养老服务供给提出严峻挑战。

（3）文化价值观念的变迁使传统家庭养老模式面临巨大冲击。随着现代化进程不断加快，老年人对生产性资源的控制能力不断下降，经验效用日渐降低，老年父母的家庭地位不断下降。道德观念和社会舆论的约束力远远小于父母通过对资源的控制和传统道德体制树立的威权。特别是在全球化和信息化的冲击下，年轻人的自我意识加强，更加注重自身价值的实现，一定程度上改变了以往以老年父母为中心的相处模式。在现代社会要求子女无条件地回报父母的养育之恩的思想已失去文化基础。随着年轻人价值观和生活方式的转变，代际之间沟通障碍，淡化了传统的孝道思想，年轻人和父母共居的困难加大，影响了家庭养老模式的有序传承。

（4）激烈的社会竞争降低了子女对父母提供代际支持的能力。激烈的社会竞争外加较高的生活成本，使刚进入社会的年轻人疲于应对，对父母的代际支持能力不足。据陈皆明调查，子女的收入水平与父母的代际支持呈正相关。王树新调查发现对于大多数经济不宽裕的中青年夫妇来说，供养老年人的负担较重，精神压力较大；由于年轻人收入水平低，供养老年人的能力不足，影响家庭成员间的和睦和生活稳定。如果家庭中出现失能老人，情况会更加严重。另外，如果社会保障体系不完善，青年人面临竞争压力，反而会依靠父母，父母倒贴子女的“啃老”和“逆反哺”现象涌现。

3. 社会化居家养老模式的研究

当前，各种因素引发的代际支持失衡程度加深，但调查显示老年群体对居家养老和家庭照料的渴望没有太大变化，家庭养老服务供给需求差距不断加大。学者普遍认为利用家庭之外的力量（政府、社会、市场）合作生产居家养老服务的同时，应充分尊重老年人的养老意愿，增加对家庭养老的支持力度，最大限度地激发或修补家庭照料功能，同时，建立健全社会化居家养老服务体系，针对“空巢”、失独、伤残、失能、低收入老人构建制度性与非制度性双轮驱动的服务供给模式，以缓解目前的养老困境。

提升家庭养老支持力度，顾名思义是指对选择家庭养老的老年人及其家庭提供正式及非正式性支持网络的总称。马红鸽认为经济实力是影响家庭养老服务供给的重要因素，增加家庭收入可通过增强内力（增加居民收入）、壮大外力（通过政策激励、社会支持），强化和提升家庭养老功能。政府通过转移支付、经济补助、贷款税收减免、服务帮助和其他家庭优惠政策对家庭养老进行制度性支持。家庭整体收入水平和生活质量的提高有助于减轻因代际供养困难带来的福利削减。从老年人自身角度出发，林闽钢等指出应依据经济发展状况和物价变动情况，不断提高离、退休人员的养老金水平，促使老年人降低对家庭及其成员的依赖，减轻代际养老的经济压力。建立适度普惠的经济补贴和资助制度，对“空巢”、失独、独生子女、伤残等特殊家庭给予优先考虑和额外资助。为了减轻家庭养老负担，可为独生子女、无子女、失能老人提供必要的养老服务补贴和老年护理补贴，实行税收优惠或者购房优惠等政策，鼓励家庭成员与老年人共同居住。

除了经济支持之外，价值观念的归正也是一种有效的代际养老支持方式。面对当前剧烈的社会变迁，传统家庭养老文化规范有调适的必要，这种调适体现为传统孝道文化与现代价值观的有效结合，吸收孝道文化的积极内核并引入“责任伦理”概念，在增进相互理解的基础上强调父母与子女各自履行的责任和义务。赡养父母是子女的责任，在血缘道义面前不应带有任何功利主义色彩。应重建孝道的伦理道德秩序，加强孝道伦理对人们的外在约束与内在自觉。弘扬孝道文化要注意政策宣传与制度并重，开发孝道文化资源，做到道德、法律、舆论三管齐下，形成孝道培养和保障机制。引导家庭代际养老从伦理型向法制型转变，把家庭赡养对象、供给内容、监督机制等以制度化的方式固定下来。

社会化居家养老服务的供给主体除了家庭之外，还包括政府、市场与社会。

首先，对政府而言不管家庭代际养老能力与承受力如何，国家应努力实现基本养老服务均等化，建立一个由家庭、邻里、社区和社会互帮互助的养老服务社会支持体系，有组织地为需要扶助的老年人提供各种消费性服务。针对代际养老支持者缺位或供给无力的老年人，特别是人数增长快、家庭压力大的失能老人，应扩大政府、社会养老服务的给付比重，制定减轻家庭养老经济压力的办法。国务院公布的《国家人口发展“十二五”规划》明确提出，对于失独家庭、“空巢”家庭和养老供给困难的老年人，应完善社会化养老和救助机制，让其在社会的关爱中找到心灵的慰藉，逐步改变传统的家庭养老模式，实现真正的社会化养老。由于失能老人数量不断增加、生活来源单一匮乏、医疗护理消费支出比重大，他们已成为养老服务的重点对象并在今后的社会福利政策设计中应有所体现。应建立长期照料服务体系，提高老年人的健康水平与生活质量。陈建兰指出，政府要考虑部分老年家庭的特殊状况，放宽实施免费服务的条件限制，以使更多的老年家庭获益，如可以考虑将夫妻一方有重病、生活不能自理的老年“空巢”家庭（非“三无”、非低保家庭）纳入其中。

其次，发挥社会与市场在居家养老服务生产中的作用。面对多元化、多层次的养老需求，绝大部分学者认为居家养老服务的生产和递送不能局限于政府自身。政府是居家养老服务的提供者，但服务生产可以由市场、NGO、家庭共同协作完成。政府从公共财政社会福利预算中拿出经费，面向社会各类服务机构，通过公开招标或直接拨款资助的形式购买居家养老服务。为了提高养老服务质量，政府作为“元治理者”应出台各种激励与支持政策为这些主体创造良好的发展环境，培育专业化、高水平的服务队伍，促进其自我完善，不断提高服务供给能力。根据居家养老服务组织或机构的所有权属、购买服务的内容、购买服务的方式以及接受补贴方式的不同，政府购买居家养老服务分为公建民营、民办公助、服务外包和服务券四种形式。政府不直接提供服务，只负责资金的提供、政策的制定、服务的监督等工作，使有限的资源获得最优配置，不失为一种解决居家养老需求难题的有效方式。

（三）国内外相关研究评述

在代际支持失衡背景下，传统家庭养老模式向社会化居家养老模式转变是一个渐进的过程，政策制定与模式创新需要一段时间的探索期。国外相关研究起步较早，成果颇丰。随着代际支持失衡状况日渐严重，国内学者认识到，在老年人居家养老偏好不变的前提下，传统家庭养老模式变革的紧迫性。国内外学者从不同角度基于本国国情，对代际支持的重要性、家庭代际养老的困境、社会化居家养老服务的政策路径进行了探索与分析，具有较强的借鉴价值。但综合来讲，仍存在以下几个方面的问题。

（1）社会化居家养老的理论研究还有很大的提升空间。目前，大多数关于社会化居家养老服务研究仍停留在必要性、可行性、供给现状、供给困境、优化路径等方面，很少上升到理论高度，形成具有影响力的完整理论体系。

（2）忽视从弹性诱因出发缓解代际支持失衡，激发家庭照料功能。从目前国内外的研究来看，对代际支持失衡引发家庭养老功能弱化这一点已成学界共识。但一些国内学者认为代际支持失衡是不可扭转的趋势，家庭的养老功能必定要被社会、市场取代。但从实践来看，尽管社会养老服务发展迅速但家庭照料仍是最主要的照料方式，由弹性诱因引发的代际支持失衡完全可以通过事前介入避免。家庭仍然是最经济、最高效、最具潜力和自发性的居家养老生产主体，修补家庭照料功能能够显著提高居家养老服务的供给效率和满意度。

（3）重视居家养老多元主体构成，却忽视多元主体协作关系网络的构建。学者对居家养老供给主体多元性构成的研究比较深入，但对多元主体如何供给、以什么方式供给、多元主体之间的关系如何等问题的研究却少见。只要有一个以上主体活跃在公共服务供给领域，就必然产生协同需求。因此，利用福利多元主义与协同治理理论对居家养老多元协同供给模式进行设计具有重要的实践意义。

（4）欧美学者的研究多以本国为参考，一些学者热衷借鉴西方经验，忽视中西差异。现有国外研究大多选取欧美等发达国家为研究对象进行理论探究，设计解决问题的技术路线。这些研究虽然具有重要的借鉴意义，但是否具有适用性尚需实践检验。很多国内学者热衷于借鉴西方的理论和经验，忽视西方的社会福利发展历程、现状、文化背景和中国有着本质不同。鉴于中西文化价值观念、经济社会发展状况的区别，对西方经验的借鉴要谨慎。我们应坚持选择性、批判性，结合中国具体国情，方能找到适合我国居家老人的养老模式。

综上所述，现有的研究积累了许多有益经验，为本书的顺利开展奠定了坚实基础；而这些研究的不足也为进一步深入研究提供了方向。

三、研究框架

（一）研究思路

本书的研究技术路线如图 1-1 所示，具体内容如下。

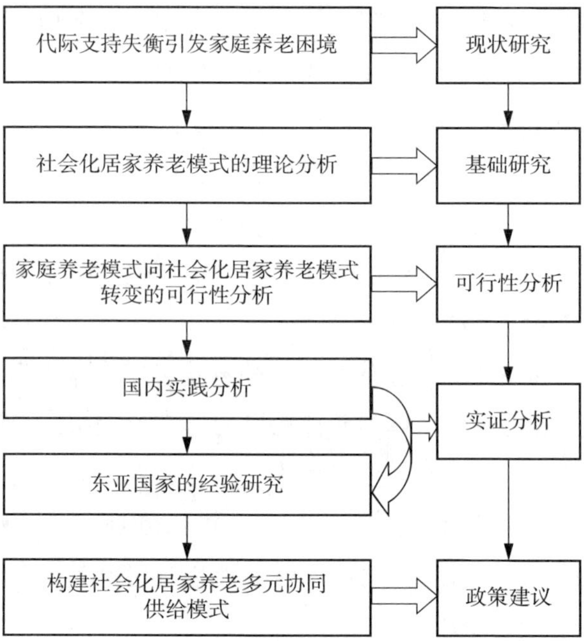

图 1-1　研究技术路线

（1）探讨代际支持失衡的形成及对家庭养老功能的影响。近年来，伴随少子化、老龄化社会风险的显现，工业化、城市化的快速发展，代际人口的空间分离、传统家庭文化规范式微，原有的家庭代际支持的均衡状态被打破。由于代际支持是家庭养老的主要保障，代际支持失衡造成家庭养老强度减弱，也就是说子女对父母提供的养老福利减少，家庭内部的代际支持失衡使养老需求被迫向社会转移。但这并不预示老年人对家庭养老模式的摒弃，社会化集中养老也未形成一种新的取向。调查显示，不管代际支持处于何种状态，中国老年人对家庭养老特别是居家养老的选择性偏爱一直没有改变。因此，兼具社会化养老与家庭养老之利的社会化居家养老模式成为弥合家庭养老供给需求矛盾的优化方案。

（2）对家庭养老模式向社会化居家养老模式转变的驱动要素进行分析。根据福利多元主义理论，公共服务的供给主体不仅包括家庭，还包括政府、市场与社会。多元主体只有在参与、分权与竞争的基础上，发挥各自优势功能，才能满足公民多样化需要。从该角度分析，家庭养老模式向社会化居家养老模式转变包括以下四种驱动要素：家庭养老服务自我变革的诉求、政府角色转变的政策支持与制度保障、社会服务主体生产能力显著提升、居家养老服务产业迅速发展。家庭、政府、社会、市场的共同驱动使家庭养老模式向社会化居家养老模式转换具备了必要性与可行性。

（3）深入剖析社会化居家养老模式的实践现状。为了满足老年人社会化居家养老服务需求，一些经济较为发达的地区根据其财政收入水平，养老服务业发展状况，试点推行了各具特色的社会化居家养老服务模式。上海建立了政府主导的购买服务制度，苏州推行“政府+商业企业”虚拟养老院，宁波尝试“政府+NGO”居家养老服务供给方式。各地大胆创新居家养老服务模式，受到居家老人的一致好评。但是目前各地进行的居家养老服务实践政府的作用仍较大，即使与社会、市场组织合作，服务承接者的类型大多也为依附、非竞争指定型，缔约规范模糊、合作对象固定，社会、市场组织参与积极性较低、服务内容单一、服务质量及水平不高，监管不到位，居家养老模式的可持续性发展受到质疑。因此，必须全面、深入审视当前社会化居家养老服务的具体实践，对完善社会化居家养老服务的供给路径意义深远。

（4）比较借鉴东亚国家缓解代际养老压力推行社会化居家养老模式的实践经验。日、韩两国经过多年改革与创新，社会化居家养老体系已相对成熟。由于东亚各国文化具有同源性，家庭观念类似，老年人具有居家养老偏好，因此日、韩两国的政策实践对我国有借鉴与启示意义。日、韩两国针对家庭照料构建了较完善的正式性支持体系，缓解了代际支持压力。政府与社会、市场组织进行广泛的协同合作，在健全的专项法规制度指引下，建设多层次功能特定的居家养老服务机构与设施，并根据老年人的照护等级，有针对性地为老年人提供急需的养老服务。此外，照护人才的资质和照护服务效果都有严格的准入与评价制度，保证了居家养老服务的质量。

（5）提出构建社会化居家养老多元协同供给机制的对策建议。从多元主体设计、协同供给架构设计、运行机制设计三个层面构建我国社会化居家养老模式，改变之前单一碎片化的供给结构，创建一种多元协同式供给框架，以满足老年群体多层次、个性化、高效率、高质量的服务需要。

（二）研究方法

本书基于多学科背景收集国内外相关研究现状和成果，在实证考察基础上，对比国内外针对有关该问题的解决方案并得出解决路径。

（1）学科交叉法。代际支持失衡背景下的家庭养老困境与社会化居家养老模式研究涉及社会学、政治学、经济学、人口学等学科，具有学科交叉性和复杂性。本书在社会学和管理学研究方法的基础上，综合其他学科相关理论和研究方法，针对理论阐述、模式建构、机制创新等开展研究。

（2）文献综述法。本书以代际支持失衡为主要背景，通过对概念、理论、特点进行分析，探究代际支持失衡背景下家庭养老模式面临困境的机理。阐释福利多元主义与协同治理理论，同时收集、整理、分析各地社会化居家养老实践成效与不足，以及东亚国家推进社会化居家养老政策的先进经验。

（3）实证研究法。本书选取 H 省 K 市社会工作及社会服务机构、老年人及成年子女作为问卷调查对象，并对 S 省 R 市的省级居家养老服务示范社区进行实地调研，具体方法有访谈法、问卷法、统计法等。

（4）比较分析法。比较借鉴日、韩两国就代际支持失衡引发家庭养老失效的应对策略及推行居家养老服务的成功经验，以求解决现阶段我国居家养老服务供给方面的问题，并对各地实践进行比较分析，提出改革路径与服务供给模式。

（三）创新与不足

1. 创新

（1）提出代际支持失衡这一研究背景并分析其对家庭养老功能的影响。以费孝通家庭代际支持反哺模式为根据，引入美国学者 Silverstein 代际支持稳固模型，结合中国目前代际支持的现状，判断我国正处于代际支持失衡状态。由于代际支持是传统家庭养老的主要保障，代际支持失衡造成家庭养老功能弱化。笔者的问卷调查结果显示，家庭养老功能呈现经济支持、生活照料、精神慰藉功能全面性萎缩的趋势。受传统文化与生活习惯的影响，多数老年人虽然向往多样化、专业化的养老服务，但其更希望得到高效、高质的居家养老服务。研究具有社会养老模式与家庭养老模式优势的社会化居家养老模式对缓解养老矛盾具有重要意义。

（2）构建社会化居家养老多元协同供给模式，推动居家养老服务供给从“单一碎片”模式向“多元协同”模式转变。通过对养老模式的演变轨迹进行分析，分析传统家庭养老模式向社会化居家养老模式转变的合理性与必然性。本书以福利多元主义为理论支撑，对居家养老多元主体参与供给的必要性进行分析，厘清养老服务“提供者”与“供给者”之间的区别。同时，对各主体的职责权限进行明确界定。在此基础上，以协同治理理论为框架，对社会化居家养老多元主体协同供给架构的构成要素与网络进行设计。通过构建文化制度激励机制、社会资源整合机制与多维监管评估机制，保障社会化居家养老服务的供给机制得以形成。

2. 拟突破的重点与难点

（1）基于代际失衡原因对居家老人的养老需求进行分类与实证分析。陷入代际支持失衡的居家老人，其养老需求具有多样性和特殊性。因此，本书不仅对代际支持失衡引发的家庭养老困境进行分析，还根据老年人的情况和需求进行分类，找出补救家庭支持能力、提高多元主体服务供给效能之路径。

（2）国外经验的吸收和利用。东亚国家特别是日、韩两国进行的养老政策改革经过多年发展已积累了不少有益经验，对我国社会化居家养老服务模式的建立与健全具有借鉴意义。如何借鉴国外经验，结合我国具体国情，发展与创新符合我国国情的居家养老供给模式，是本书需解决的难点。

（3）实践检验。如何验证本书所构想的社会化居家养老服务模式，收集反馈信息以进行深入研究，是另一难点。

3. 不足

本书从代际支持失衡的原因出发对我国家庭养老现状、老年群体养老意愿、居家老人的服务需求进行了问卷调查和实证分析，但没有对调研的数据进行数学建模分析，只做了较为简单的统计计算和分析，在定量分析方面稍显不足。另外，在社会化居家养老协同供给网络设计中，同域与跨域协同网络包含众多服务主体，实证统计和访谈的困难较大，因此缺乏实证材料支撑，使得多元主体协同供给架构的完整性、系统性和针对性稍打折扣。以上不足，需要在今后的研究和调研中加以克服与完善。

第二章 相关概念与理论基础

一、相关概念界定

（一）代际关系

国外学者更关注家庭代际关系的研究，认为代际关系具有抽象性和复杂性，是一种动态的内在过程。代际关系不是由单一因素决定，是多因素共同作用的结果。在一个广泛的关系维度中不同的支持性互惠交换行为会产生复杂的代际家庭关系（社会性的、情感性的、义务性的）。Silverstein等学者从六个维度对代际关系进行分析：①结构；②关联；③情感影响；④功能因素；⑤共识；⑥家庭规范。多个国家的调查研究结果显示，家庭代际关系有四种表现类型：①友好型；②漠然型；③不和谐型；④冲突型。根据代际关系的功能性，可分为三种类别：低水平的互惠交换，高水平的互惠交换和子女作为单方面付出者。现有研究已确定不同家庭代际关系类型的决定因素，如父母的社会人口特征（年龄、性别、婚姻状况、子女的数量）、父母的需要和掌握的资源（教育水平、健康状态、收入状况）；子女的社会学人口特征（年龄、性别、婚姻状况、出生顺序）和变量特征（子女的经济条件和状况、对子女的照料责任）。

国内学者也认为代际关系是一个复杂概念，并从广义和狭义两方面进行说明。广义的代际关系针对宏观社会而言，指因地缘、业缘和其他关系产生的不同代际之间的交往关系；狭义的代际关系是针对家庭内部而言，指家庭内因血缘和姻缘产生的交往关系，即亲代与子代的关系。王树新认为，代与代之间通过资源的分配与共享，情感的交流、沟通以及道德义务的意识与承担等诸多中间媒介发生这样或那样的联系，呈现为不同态势的胶结状态，这就是我们经常所说的代际关系。在传统社会，代际关系仅涉及家庭内部，代际之间的资源分配和交换、情感交流和沟通以及道德义务的意识与承担等主要发生在家庭内部的亲子之间，本书关注的焦点是家庭代际之间关系。对于家庭代际关系，王跃生认为主要指上下代之间依据传统家庭伦理所形成的抚育、赡养、继承、交换和交往关系。家庭代际关系是不同代位家庭成员之间的经济支持、生活照料和情感交流关系。表面上看只是一个私人领域的问题，实际却与社会环境、公共政策有密切关系。

通过对代际关系概念的梳理不难看出，学者一般是从广义和狭义两个方面对代际关系进行划分的。从狭义上说，代际关系是家庭代际关系，指父母和子女通过交往相互作用、相互影响的一种状态。本书中的代际关系特指家庭代际关系，既包括相互和谐友好，也包括矛盾冲突；既包括代际之间的支持性行为，也包括代际之间的漠然和对立。中国传统意义上的代际关系是一种代际之间的互惠交换关系，一种抚养和赡养关系。这种关系的稳定性除了受到父母和子女个体特性限制外，还受当地的社会经济发展水平和文化价值观念的制约。

（二）代际支持

代际支持是代际关系的一种表现形式，代际关系的作用体现为代际支持。因此很多研究把两者混同。依照费孝通的反哺模式，对子女而言，父母对子女的支持性行为即是我们常说的——抚养；而对父母来说，子女对父母的赡养即是子女对父母的代际支持，很多文献中所说的家庭代际关系和代际支持本质上都是对家庭养老支持的阐述。

霍曼斯等社会交换主义者认为，代际支持是子女对于自己年幼时父母养育之恩的一种报答，通常以经济性、情感性、劳务性等形式回报父母。Krause 等对代际支持的内容和表现形式进行了总结，指出代际支持表现为四个方面：信息支持、实际性/切实性的帮助、情感支持、混合性/整体性支持。也有学者把其简单地归结为：物质性支持（实物、现金）和非物质性（情感、精神）支持。代际支持的稳定性主要由父母和子女间的情感交流和实质性支持行为决定。这种情感交流和工具性支持因父母和子女双方的社会经济地位不同而不同。从经济性和功利性角度出发，代际支持的稳定性和持久性取决于当事人双方对利益互惠的感知。当这种互惠减少或者缺乏时，代际支持溶解的风险就会上升，并可能导致彼此疏远和隔离。代际支持是提高老年人对社会的应对能力和社会融合度，增加心理满足感和幸福感的重要因素，稳定的代际支持能增强老年人应对外部危机和突发事件的能力。

国内很多学者把代际关系和代际支持混同使用，多数代际支持研究和家庭养老问题紧密相连。传统的代际支持指子女在父母年老之后为其提供的经济性支持、日常照料和情感支持，这些也是家庭养老主要内容。王树新对代际支持的内容做了进一步解释，认为代际支持包括代际（特指老年亲代和成年子代间的后期亲子关系）经济性支持、生活照料和日常服务的互惠、亲情与情感的沟通和慰藉。张岭泉认为，根据马斯洛的需要层次理论，以上支持并不能满足老年人的所有需要，其中社交需要和自我实现的需要没有被包括其中。子女应在老年人身体状况允许的条件下，帮助老年人保持社会交往能力和实现自身价值的权利。相对于传统模式中老年人对家庭资源享有支配权力而言，血缘、亲情、社会舆论和传统的养老观念成为如今代际支持的关键。另外，由于社会福利体系不完善，代际支持在发展中国家养老保障体系中占据重要地位，和老年人的生活质量、健康状况有着紧密的联系。

基于以上，本书认为代际支持（特指后期的代际亲子关系）指子女出于血缘亲情、伦理道德、社会舆论、文化价值观念、法律强制力、亲代的反馈而对父母做出的支持和赡养行为，这种行为既包括物质性的也包括精神性的。作为一种传统的养老方式，家庭养老是代际支持的功能性内容，子女的代际支持是家庭养老的基础与动力来源。

（三）代际支持失衡

本书中的代际支持失衡是基于针对传统代际关系的社会交换模式和反

哺模式提出的。从社会交换主义角度来看，成年子女在父母年老或患有疾病之时对其的照顾行为是对父母的养育之情以物质帮助、照料护理、情感慰藉等形式的回报。依据费孝通提出的反哺模式，中国家庭在代际养老关系上长期以来遵循抚养—赡养模式，这种双向支持模式使每一代人都承担着抚养孩子和赡养父母的责任，体现了家庭关系中“养儿”和“养老”之间的均衡性与一致性。但这种代际支持均衡在工业化、城镇化、少子老龄化和家庭代际关系取向改变的冲击下逐渐被打破。

借助于美国学者 Silverstein 的代际支持稳固模型，代际支持是否稳固不是由单一因素决定，相反是由多方面因素共同作用的结果。Silverstein 认为从宏观方面看，社会、经济、文化价值观念的变迁，以及当地社会福利水平的高低从外部影响着家庭代际支持的稳定程度。从微观层面也就是从家庭层面看，结构（地理距离等）、关联（社会交往、行为分享）、情感影响（情感、亲情）、功能因素（互惠性的帮助）、共识（分歧意见的统一）和家庭规范（对互惠义务的理解等）六个因素决定了家庭代际支持是否稳固。结合中国的社会发展现状，以 Silverstein 的代际支持稳固模型为工具，从宏观层面看，我国较低的社会福利水平、少子老龄化的社会现状是引发家庭代际支持失衡最主要的外部因素。从微观层面看，现代社会劳动人口迁移频繁造成代际人口的空间分离，促使家庭代际“结构性”因素改变；家庭代际间关系取向下位运行，子女在家庭中拥有越来越多的话语权，代际支持呈现逆反哺的发展趋势，传统家庭代际间分享的“关联性”因素与互惠性帮助的“功能性”因素发生显著变化；孝道文化维持的“家庭规范”式微，子女对家庭互惠性帮助的意识愈加淡薄，“情感性”沟通频率下降，过于重视自我，使子代与亲代之间出现意见分歧时，妥协、“共识性”意识减弱。另外，少子老龄化的外部宏观因素对子代代际支持能力产生了重要影响，子代供给能力缺失或微弱成为普遍现象。稳固模型中六大制约因素均已发生变化，导致子女对父母的代际支持陷入非稳固状态，代际支持失衡趋势愈加明显。

综上所述，所谓的代际支持失衡是指家庭中代际间的支持与帮助失去原有的均衡性与互惠性，代际支持呈现单项运行的趋势。本书中的代际支持失衡是指亲代在子代年幼之时履行了对子代的抚育责任，但在其进入老年期后由于各种原因却不能从子代那里获取应有的反哺式照料与赡养，有的老年人甚至还要继续为子女提供物质、非物质性的逆反哺性支持。众所周知，在中国，家庭的代际支持一直是老年人最主要的养老支持来源，但如今家庭资源过多地向下位流动，加之成年子女由于弹性或刚性因素不能及时有效地为老年父母提供帮助，致使许多老年人陷入养老困境。

研究代际支持失衡，除了要考察代际支持提供者的供给能力与意愿之外，代际支持获取者的养老需求内容与范围也应包含在内。随着经济社会的发展、生活水平的提高，老年群体的养老需求呈现高水平、多样化、专业性等特征，有些内容远远超出家庭代际支持的承受能力，越来越多的成年子女对满足父母高品质、专业化的养老需求力不从心。从这个层面上看，代际支持弱化甚至失衡是社会发展的必然结果，代际支持失衡提示政府部门应正视当前的养老困境，完善社会保障特别是养老保障制度，提高代际赡养的违法成本，激励代际照护的同时，也为家庭照料者提供必要的正式性帮扶与援助，探索建立满足老年群体需要的综合、全面、专业的养老服务体系。

（四）家庭养老

“养老”通常指人进入老年期之后随着劳动能力的减弱、生理机能的退化，依靠家庭成员、社会等主体提供生活必需品的一种状态。这里所说的生活必需品不仅包括经济或物质需要，还包括日常生活照料与精神慰藉。根据服务供给主体的不同，“养老”的类型可以分为家庭养老、社会养老与自我养老。其中，家庭是人类历史上最普遍、最悠久的制度，从开始产生就担负起了“养老”这一基本职能，父慈子孝、代际互助是人类在家庭关系上的共同文化理想和价值取向。

家庭养老是一种古老的养老模式，成熟于农业经济时代，是中国社会的主要养老模式。但是家庭养老的概念与内涵，学界却没有定论。学者从不同角度对家庭养老进行了解释和说明。有学者从血缘亲情角度出发认为家庭养老是建立在血缘关系上的亲情养老。家庭养老是以血缘亲情关系为基础，由家庭成员承担赡养责任的养老模式，血亲伦理是家庭养老模式的核心。不同于社会交换或代际互惠理论中服务供给的被动性判定，家庭养老的基础是血缘亲情，子女对父母的照料行为是一种主动性、自愿性的感情付出。从养老主体角度看，有学者认为家庭养老是以家庭为供给主体向老年人提供各种支持帮助。按不同的家庭成员来承担养老责任，家庭养老可以分为子女供养、老伴供养或亲属供养。从服务供给的运行形式，家庭养老是一种养老方式，是养老体系的表层框架，是由养老模式决定的养老机制的实际运作形式，是解决老年人养老问题的具体运作方式之一。学者高和荣从更加广义的角度对家庭养老进行了界定，认为不应以居住地点、老人养老资源的获取形式和家庭养老模式是否完整来界定或描述养老模式。家庭养老的形式具有广泛性、时代性，只要养老的最终支持来源于家庭，也就是说赡养老人的义务与责任最终为家庭成员或亲属，就应该属于家庭养老的范畴。

对于家庭养老的主要内容，学界的认识较为一致，研究发现不同老年群体或同一老年群体、不同年龄阶段的老年人需求有所不同，一般包括家庭经济支持与保障、家庭成员生活照料服务和以亲情为支点的精神慰藉三个方面。从代际经济学视角来看，传统家庭养老服务的特征家庭互济、资源共享、风险分担。作为唯一可以同时满足老年人经济、照料和精神慰藉需求的养老方式，有着其他养老模式无法比拟的优越性。

综上所述，本书认为所谓的家庭养老是指家庭成员出于血缘亲情或法律责任，根据老年人的实际需求向其提供包括经济支持、生活照料和精神慰藉等养老服务的总称。只要老年人获取的最终养老支持来源于家庭，不管服务供给形式如何、具体生产者为谁均应属于家庭养老的范畴。家庭成员有广义与狭义之分。从广义上说，包括子女、孙子女、配偶、亲属等；从狭义上说，家庭养老供给主体特指成年子女。本书对传统家庭养老供给主体的界定以狭义的角度切入，主要分析成年子女的代际支持变化对家庭养老的影响。

（五）社会化居家养老模式

据《辞海》，“模”指制造器物的模型，有榜样、模范的意思。据商务印书馆出版的《现代汉语词典》（第七版）“模”有法式、规范、标准，仿效等含义。模式亦称“范型”，一般指作为范本、模本的式样，也就是说某种事物的标准形式或标准样式。在社会学中，模式是研究自然现象或社会现象的理论图式和解决方案，同时是一种确定性思维方式与体系。养老服务供给模式本质上是研究不同国家或地区养老服务供给类型的基本概念工具，是对一国或地区养老服务供给体系核心要素、典型特征、价值取向的认识、说明与总结。

居家养老模式从字面上理解是指人进入老年期之后，在家庭中获取各种养老服务，在家中生活的养老形式。对于居家养老的内涵目前学界大概有四种观点：第一种观点认为居家养老就是在家养老。居家养老是老年人对养老空间、地点选择的结果，与此相对应的是机构集中养老。居家养老，是对养老服务获取地点与场所的强调，是一种养老方式，家庭养老与社会养老均可采用。居家养老并非家庭养老，也可以是自我养老或社会养老。第二种观点认为居家养老就是家庭养老，以居家为核心，养老目标来源仍然依靠家庭，社会化养老服务只作为辅助，是对家庭养老的发展和改进。第三种观点认为居家养老是指在家或在社区中接受社区或社会提供的养老服务，老年人可以享受到床位不离家、养老服务送到家的便利。在家中居住符合老年人的意愿，由社会提供养老服务减轻了家庭的负担。在供给养老服务过程中，社区扮演着重要角色。通过整合资源、联系基层政府组织、协调家庭与社区关系，为社区居家老年人提供综合养老服务，实现人本理念与成本效益的有机结合。第四种观点认为居家养老是家庭养老、社区养老与社会养老的复合模式，是一种半家庭半社会式养老方式。居家养老是以家庭养老为基础、社区为依托，引入社会专业化养老服务的一种养老模式。其中，家庭主要提供老年人精神慰藉，社区和社会提供照护服务，政府、社会、个人共同承担费用。

在代际支持失衡的现实背景下，家庭养老功能不断弱化，但老年人居家养老的意愿依然十分强烈。为此政府、社会应为居家老人及其家庭提供更多的支持与服务，居家养老服务应以家庭为基础，政府、社会、市场多元主体协同供给。至于多元主体谁主谁辅，学界普遍认为居家养老服务需要完善家庭养老功能并依靠外部支持，走社会化多元供给路径。

钟春洋认为社会化居家养老，是指在传统的家庭养老基础上，有组织地为有扶助需求的老年人提供消费性服务的新型养老模式。孙飞雪指出，社会化居家养老应以家庭为核心，以社区为依托，以上门服务和社区日间照料为主要形式，并引入社会专业化养老机构提供服务的居家养老服务体系。学界对家庭在养老服务供给中的基础地位给予了充分肯定，但是在代际支持失衡背景下如何完善家庭的服务功能，政府与社会在社会化居家养老服务中的角色职责如何界定的研究较少。

本书认为社会化居家养老模式是传统家庭养老模式在现代社会的演化，是其在代际支持失衡下的发展适应与改进，是家庭养老社会化供给方式的体现。社会化居家养老模式是以家庭为基础，由政府、社区、社会组织、营利服务组织、邻里志愿者等多元主体根据老年人的养老意愿与需求，协同合作为居家老人及其家庭照料者提供的包括经济支持、照料服务、医疗护理、康复保健、精神慰藉、社会参与、喘息服务等多样化内容的养老服务模式。其中，多元主体谁主谁辅不是一成不变的，而是根据老年人的实际需要和家庭供给能力的不同而有所不同。社会化居家养老模式的供给对象并不局限于有养老需要的老年群体，还应包括履行养老责任的家庭照护者。“居家”并不意味着老年人只能在家中接受上门式的养老服务，养老服务的地点除了居所之外，还包括社区甚至是老年人居住的养老服务机构。

二、相关理论基础

（一）福利多元主义理论

福利多元主义是社会政策科学中一种重要的理论视角，其理论价值在于突破了传统福利国家或自由市场一元化的福利供给模式。其以实现福利效能最大化为目标，提出应建立包括政府、市场、社会、家庭等多元主体在内的参与、竞争、整合、协作的主体结构关系。提倡多元、效率、合作、回应性的福利供给模式，以解决现代社会中社会福利需求的多样化、层次化、个性化。当然，简单地将在西方社会特定历史与文化背景中产生的福利多元主义直接应用于我国是不可取的，应将理论嵌入我国具体国情与居家养老服务的特定供给环境，建立符合我国居家养老服务需要的供给体系，才能实现理论的本土化问题。

1. 福利多元主义的发展脉络

从理论缘起来看，福利多元主义是为了解决福利国家的危机。“二战”后福利国家经过近30年的高速发展和扩张，20世纪70年代普遍遭遇经济滞胀和石油危机，福利供给陷入窘境，人们对福利国家的运作逻辑开始批判性反思。国家承担过多的福利供给给公共财政带来沉重负担，福利依赖引发各种社会问题。经过对福利国家的危机进行深入思考，福利混合理论应运而生。最先提出福利混合理论的是英国著名社会政策学家蒂特马斯，他在《福利的社会分工》一文中写到社会福利、财税福利与职业福利三种体系应相互配合共同维持整个福利体系的运作。福利多元主义概念最早出现在1978年发布的《志愿组织的未来：沃尔芬登委员会的报告》。该报告指出，在英国社会政策的实践过程中应该把志愿组织纳入社会福利的供给者行列，扩大福利供给主体的范围。最先对福利多元主义概念进行阐释的是罗斯，他认为福利不可能完全依赖国家提供，应建立一个由家庭、市场、国家共同提供、互为补充的福利多元组合。三者协同合作、相辅相成、扬长避短，形成一个相对完整的福利供给网络，即福利三角。同时罗斯指出，三个部门的合作供给并不意味着三者福利供给职责平均分配，政府始终还是最主要的福利提供者与责任承担者，这一点毋庸置疑。

该理论随后被德国学者伊瓦斯拓展。伊瓦斯认为罗斯对福利多元组合的阐释太过简单，应把福利三角分析框架放在文化、经济和政治的宏观背景之中，并将三方具体化为对应的组织、价值和社会成员关系。市场提供就业福利，社区提供的是非正式性福利，而国家通过社会福利体系对社会资源进行再分配并向公民提供正式性福利。伊瓦斯对福利三角范式的进一步研究让该理论更具解释力与应用性。当然不同的研究者受不同思想流派的影响对福利三角的概念及多元主体角色的诠释不尽相同，但是学界就不能过分强调单一主体的生产作用，要建立多元主体间独立、稳定、均衡的结构关系方面已经达成一致。在之后的研究中，伊瓦斯发现民间社会在社会福利的供给中发挥了十分重要的作用，能够整合各方利益并进行有效传递。因此，民间社会应添加在福利提供者的名单中，社会福利的供给应采用四分法，如表 2-1 所示。约翰逊在伊瓦斯四分法的基础上，对福利多元组合进行了修正。他批判了政府在福利供给中的低效率，强调应把志愿组织加入供给主体之中。学者吉尔伯特在福利多元主义主体的划分上和约翰逊的观点一致，并采用四分法分析框架对福利多元组合的主体构成进行进一步阐释。福利供给主体除了政府部门之外，还包括商业部门（提供私人护理以及老年储蓄式年金等）、非正式部门（家庭照料、社区照料、邻里和亲戚朋友照顾）和志愿部门（自助与互助组织、睦邻组织等），公民可以通过这四个部门提供的综合服务享有社会福利。另外，四个部门嵌入福利国家市场的公共和私人领域，尽管它们可以单独存在，但仍然与资本主义的经济市场相互重叠。

表 2-1　伊瓦斯福利多元主义四个部门的主要特征

同系	国家	市场	社区	民间社会
福利生产部门	公共部门	市场	非正式部门/家庭	非营利部门/中介机构
行动协调原则	科层制	竞争	个人责任	志愿性
需方的角色	社会权的公民	消费者	公民社区	市民/协会成员
交换中介	法律	货币	感激/尊敬	说理/交流
中心价值	平等	选择自由	互惠/利他	团结
有效标准	安全	福利	个人参与	社会/政治激活
主要缺陷	对少数群体需要的忽视，降低自助的动机，自由选择的下降	不平等、对非货币化结果的忽视	受道德约束降低个人选择的自由，对非该团体的成员采取排斥态度	对福利产品的不平等分配，专业化缺乏，低效率

资料来源：Evers，A. &Olk，T.，WohlfahrtsPluralismus：VomWohlfahrtsStaatZurWohlfahrts Gesellschaft，Opladen，1996，23.

福利多元主义理论经过多年发展逐渐成熟，学者们开始跳出以往对福利主体角色进行简单界定的研究范围，越来越多地从政策实践角度去探索福利多元主义的具体应用。如政府这样的福利“提供者”通过何种途径实现角色，市场、志愿部门与政府部门通过何种方式合作，家庭与社区的非正式性福利应如何生产递送，等等。在此基础上，“融资”——通过政府双面补贴制度促进服务生产部门有序竞争，增强社会资本的参与力度；“规制”——规范管理福利生产与递送者，保障服务供给质量；“决策”——服务生产效果评价的决定权逐渐向公民个体转移。这些多维度政策工具分析框架不断拓宽，适用性逐渐增强。

2. 福利多元主义的实现路径

福利混合在价值主体上强调四个主要概念，即分权化、参与、独立与竞争，这四个核心议题被视为实现福利混合的主要途径。所谓分权化（decentralization）不仅指纵向层面将行政权由中央政府转移到地方政府，也指横向层面将权力从地方政府转移至社区，由公共部门转移到私人部门。通过分权在很大程度上降低了中央政府的集权化和官僚化，减轻了国家的财政负担，实现福利供给责任在公私领域的重新分配，使福利主体多元化成为可能。参与（participation）指福利提供者和消费者介入、参与福利政策制定及服务的传送过程。福利供给主体在明确角色定位与职责权限后，具有参与对话的平等地位以及影响社会政策的决策权力。多元福利供给主体的有效参与不仅提高了供给效能，而且培育了志愿与捐助精神。独立（independence）指志愿部门与私人部门能够以独立的自我意识参与福利的生产与递送，丧失独立性会导致福利供给追求政府的需要而非顾客需求。只有当非政府部门拥有独立性才能降低政府对福利机构的控制力，建立与政府平等沟通、协同合作的供给关系。竞争（competition）指福利供给主体只有具有竞争意识并引入竞争机制，才能保障服务效率与质量。在多元服务供给系统中，追求利益的本能会驱使主体间通过竞争获取顾客满意。政府赋予消费者充分的知情权与选择权，完善政府补贴与购买服务制度，促进主体间良性竞争，达到节约交易成本、满足服务需求的目标。

福利多元主义分析框架给社会福利供给提供了综合、系统的分析视角。它不再将政府、市场和社会看作此消彼长的协调关系，而是强调多元供给主体间相互合作、互惠互利、互为补充的关系。国家调动社会和市场的力量，有效配置和整合资源，最大限度地满足公民多层次、多样化的福利需要。当然，对福利混合的倡导并不意味着政府责任的推卸，更不意味着国家要退回“守夜人”的角色，而是希冀由多元力量介入和参与形成多元福利供给组合。尽管政府不用承担福利生产职能，但在社会福利供给中仍然占据主导地位，这种主导性体现在宏观政策的制定、良性发展条件的创造、供给环境的维系、福利资源的分配等方面。

3. 福利多元主义在我国居家养老模式创新中的应用

改革开放之前，我国社会福利供给完全由国家与单位承担，全能型、家长式的福利模式给国家财政造成沉重压力。在“强政府、弱社会、弱市场”的社会结构下，市场与社会组织发展空间受到挤压，社会福利供给呈现单一化、低水平、低层次的特征。改革开放后，随着经济体制改革的推进，国家角色在养老福利领域内过多、过早退出，非政府组织发展缓慢、能力有限，在遭遇代际支持弱化的冲击后，养老服务供给陷入窘境。如何弥合养老服务供需矛盾？福利多元主义为我国居家养老服务模式创新提供了路径选择。多元主体加入可让政府退出养老服务的具体生产，把生产职能让渡给家庭、市场、志愿部门、非营利组织等，更多扮演一种能促性角色，支持服务生产主体不断成长与完善，从而提高居家养老服务的质量与效率。引入福利多元主义理论构建供给主体多元参与、供给对象分级分层、供给项目多样融合、供给架构网络协同的社会化居家养老模式，缓解弹性诱因引发的家庭代际支持失衡，增强家庭养老支持力。政府在横向和纵向分权给多元主体，激发其参与热情，营造互惠合作、良性竞争的供给环境，让多元主体在各自熟悉的领域发挥自身优势，提高服务供给效能。

（二）协同治理理论

基于目前社会现状，过去由政府或家庭承担的一维生产模式已经不能迎合养老需要，多元主体介入养老服务供给成为必然趋势。当一个以上的主体活跃在服务供给领域时，就会产生协同的需求。因此，政府应抛弃以往单中心的思维惯式，为多元合作治理创造良性环境。基于角色定位与服务分工，探寻构建协同合作网络，促进服务供给主体各归其位、各司其职、资源共享、风险共担，以深入推进协同治理。

1. 协同的词义阐释

日常生活中，协同一词与协和、合作、协调、协作有相似含义。协同一词在古代汉语经典著作中常出现，《汉书·律历志上》有“咸得其实，靡不协同”。这里的协同有协作一致的意思。《三国志·魏志·吕布传》有“卿父劝吾协同曹公，绝婚公路”。这里有协助、会同之意。在古代汉语语义中，协同反映的是个体之间、事物之间、资源之间、系统之间的一致、和谐、协调。

在西方，“Synergy”（协同）源自古希腊语“Synergos”，指“一起工作”。词根“syn”即“together”，意为“在一起引起的协调与合作”。从字面来看，其原始意思和“协调”“协作”“合作”相近。但该词的后缀“ergy”意思为“working”，即组织结构和功能。因而，“Synergy”不仅有协调合作之意，而且强调协调、协作产生的新的结构和功能，即协作的结果。

最早提出协同概念的是美国著名战略专家安索夫（Ansoff）。为了应对公司规模扩大化、经营多元化的要求，他在1965年出版的《公司战略》一书中，首次阐述了基于协调理念的经营战略。用最简单明了的数学等式对“协同”概念进行说明为“2+2=5”，也就是说整体价值要大于各独立部分的总和。日本专家伊丹广之在安索夫的基础上对其进行了更为严格的界定，将协同概念分解为“互补效应”和“协同效应”两部分。在他看来，协同就是搭便车，当公司一个部分的资源可以同时且无成本地应用于公司其他部分的时候，协同效应就发生了。总之，战略学中的协同概念重点在于强调各部分之间的相互匹配和资源的最优化利用。

最先将协同学作为一门独立科学进行研究的是德国著名物理学家赫尔曼·哈肯。他在研究激光时发现，与外界有着充分物质与能量交换的开放系统，在处于远离平衡态的过程中，其内部各个子系统会自发集体行动起来，形成新的有序结构。也就是说，构成系统的大量子系统之间通过相互协同，使系统从无规则混乱状态变为井然有序，实现质的飞跃，且这一过程是不受外界干预的自组织过程。“协同导致有序”，也就是说协同有助于系统达到整体稳定、有序、和谐的状态，增大系统的整体力量，从质和量两方面放大组织功效。

国内学者基于不同学科背景对协同概念进行了深入探讨。从管理学角度出发，潘开灵、白烈湖认为，协同是系统内部各要素之间相互作用，形成新的整体状态和趋势，协同强调整合、协作的一致性或和谐性。解亚红从政府层面对协同进行解释：协同是政府内部横向部门间、决策与执行部门间的整合、兼容与联合行动。王卫从社会层面对协同进行阐释，指出社会协同是政府与各类社会组织之间的分工、协作的治理模式，能够协调和整合多元化的利益和社会矛盾。也就是说，在社会分工基础上，通过各种社会组织的共同工作，实现社会系统的有序和持续发展。

2. 协同治理内涵阐释

关于治理，学界公认最权威的解释是联合国全球治理委员会在 1995 年发表的《我们的全球伙伴关系》报告对其的阐述：治理是个人和各种公共或私人机构共同管理公共事务的诸多方式和全部行动的总和。协同治理是协同理论与治理理论完美结合的产物，于 20 世纪 90 年代最早出现在公共管理领域并迅速流行，近年来被广泛应用于政治学、社会学、管理学等领域，成为分析问题的有效工具。

Ansell 与 Gash 认为协同治理是单一或多个公共机构与非国家部门利害关系人以达成共识为目的，在集体决策过程中以正式协商或直接对话的方式制定或执行公共政策。Culpepper 等从参与方话语权和地位的平等性出发，将协同治理理解为政府和非政府性的行为人在某个既定政策领域内进行日常性互动，且在该过程中，政府在各方面均不享有垄断权力，各方以平等伙伴的身份参与其中。Calanni 等把协同治理看作一种治理策略，着重于非政府组织和公民的参与过程，来自工业部门、政府部门、非政府组织、学术研究组织和公民的代表聚在一起，协商和讨论复杂的社会问题，以期找到可以协调各方利益、长效的政策方案。

目前，国内学者对于协同治理理论的内涵意见不一，但是多数学者从“协同”和“治理”两个维度对其进行阐述。陆世宏认为采取协同治理模式，就是使各种要素通过某种途径和手段有机地组合在一起有效发挥整体功能。刘光容指出，政府协同治理是为了实现与增进公共利益，政府部门和非政府部门等多元合法治理主体在一个既定的范围内，运用公威、协同规则、治理机制和治理方式，合作管理公共事务的诸多方式的总和。杨志军指出在协同治理过程中，治理主体包括政府、民间组织、企业、公民，能充分利用各自资源、知识、技术等优势，发挥对公共事务“整体大于部分之和”的治理功效。刘伟忠认为，协同治理的本质是共同处理复杂社会公共事务过程中多元主体间的相互关系的探究、共同行动的建立和联合结构以及资源的共享。这些研究者对平等、多元、网络、合作等价值要素的重视大多仍属于治理理论范畴。

郑巧、肖文涛认为，协同治理的内涵应包括治理主体的多元性、治理权威的多样性、子系统的协作性、系统的动态性、自组织的协调性、社会秩序的稳定性。李辉、任晓春指出，协同治理并非协同与治理的简单拼凑，是在治理基础上强调合作的协同性。因此，协同治理是指处于同一治理网络中的多元主体间通过协调合作，形成彼此啮合、相互依存、共同行动、共担风险的局面，构建有序的治理结构，以促进公共利益的实现。协同治理应具备五个特征：主体的匹配性、目标的一致性、回应的动态性、行为的有序性和结果的有效性。在建构协同性公共服务体系过程中，从协同所涉及的核心变量出发，即目标与利益，来解构协同机制背后的逻辑和关系基础十分重要。协同治理理论为我国发展和完善养老服务事业提供了很好的政策依据。

3. 协同治理理论对构建社会化居家养老模式的意义

当前，代际支持失衡使家庭养老陷入困境，需要政府、家庭、社会、市场各部门发挥各自优势功能，以达到协同增效的目标。面对迸发的居家老年人养老需求，应强调治理主体多元性、服务子系统间的协作性、系统的动态性、自组织的协调性，通过建立健全多元参与机制，构建多元协同合作网络，促进各养老主体平等对话，加强沟通合作，互为补充、共同行动、风险共担，提供多样性、多层次的养老服务，满足老年人的养老需求。在政府主导下，各养老主体应明确自身角色定位，厘清权力和职责范围，构建社会化居家养老多元协同供给体系，增进互信，深化合作以促进协同发展，以协同发展保障养老质量，完善社会化居家养老服务体系，缓解当前的养老供给困难。

（三）需要层次理论

需要是指人对客观事物感到缺乏而渴求获得满足的心理倾向或欲望，是人为了生存、发展、延续与生俱来的本能要求。美国著名心理学家马斯洛认为人的内部本能是一种"似本能"，这种亘古不变、具有遗传性的本能需要是调动人主观能动性强有力的内在驱动力，并在人性的发展和完善过程中起着重要作用。他还指出人的需要是由低级到高级，由简单到复杂，由个人到社会的多层次、多阶段、多等级的阶梯式分布关系，主要包括基本生理需要、安全需要、爱与归属需要、被尊重的需要、自我实现的需要。一般情况下，较高层次需要是以低层次需要得到满足为基础，但在追求高层次需要过程中，低层次需要仍然存在只不过其作用有所降低。人们总是有各式各样的需要，由需要引发的行动使人趋于完整，人格得以具体体现，并从中得到安全感、自尊感、满足感，这就是著名的需要层次理论，具体如下。

（1）生理需要。生理需要是人为了生存产生的最初始、最基本、最强烈的一种本能需要，是维持个体存活与发展最根本的前提要件，如吃、穿、住、行等。这些需要是人的最底层需要，是推动人做出各种行为的最强大的驱动力。如果一个人生理需要不能得到满足，就会不顾一切去追求，而抑制爱情、安全、自我实现等更高层次需要。由此可见，生理需要关乎人的生存，当一个人深陷生存困境之时，其他一切需要都会暂时被忽略或延后。

（2）安全需要。当人的生理需要得到满足后，期待工作劳动安全、生活安定、避免天灾人祸、远离痛苦恐惧、希望世界井然有序等新的比生理需要更高等级的安全需要就会出现。具体表现：在物质层面，希望受到劳动保障与职业保护；经济层面，期待当陷入失业、年老、意外事故之时，外部支持能够持续；心理层面，希望能够免受不公平与不公正待遇和任何威胁，生活充满信心。当人的安全需要不能及时得到满足时，就会为获取安全感改变行为方向，使行动目标指向安全。

（3）爱与归属需要。人的生理与安全需要都得到满足之后，对爱与归属的需要就会支配其行为，成为新的奋斗目标。爱与归属需要又被称为社交需要，是指个体期待得到团体、朋友、同事、家庭的关爱与理解，渴望获取爱情、亲情和友情，理解、信任与爱可以使人避免陷入孤独、寂寞、被抛弃的心境。人人都渴望有所归属，成为团体的一员，希望被认可、接受，并为实现这个目标全力以赴。

（4）被尊重的需要。获得爱与归属之后，人们会产生稳定、牢固的较高评价的需要与欲望，这是一种渴望自尊、他尊与权力的需要，其中自尊包括自尊心、自信心，对独立、知识、成就、能力等方面的追求。被尊重的需要分为两类：①对于实力、成就、优势、胜任、适应性和面向世界的自信以及对独立、自由的渴望。②来自他人的尊敬或尊重的渴望，对名誉与威信的需要，即通过地位、荣誉、公认、支配、注意、欣赏、赞誉与重要性等获取自信、价值、力量、能力体验等感觉，以阻止产生自卑感、弱小、无能感。虽然被尊重的需要很少得到充分满足，但是基本满足就可以产生驱动力，并带来持久的动力，被尊重需要的满足为健康人格所必需。

（5）自我实现的需要。哥尔德斯最先提出“自我实现”一词，马斯洛只是有限引入，在他看来自我实现是要真实地成为自己，更完善地实现潜能，更接近内在核心，成为更完善的人。要做到这一点首先要接受自然的特性和各个层次上的自己，对自己的冲动、欲望、见解以及反应有一种优越的觉悟，会竭尽所能地使自身更加完美。自我实现是一种充分、忘我、雄心勃勃全身心的投入与实干，全神贯注地体验生活并实现理想与抱负，为了成为心中的自己，忠于本性而奋斗。

马斯洛提出的五种需要像金字塔一样由低到高，逐级递升，当然这种次序并非一成不变、固定的，也有例外情况。但总体说来，某一层次的需要相对满足后，人们就会产生追求更高层次需要的驱动力。一个国家一般性人群的需要层次结构同该国的经济、社会、文化、科技发展水平息息相关，反映了该国的社会保障水平。例如，社会保障体系中的社会救助是为了满足社会成员特别是低收入成员的生理需要设立；而社会保险是为了避免公民因遭遇各种社会风险陷入困顿，解决其后顾之忧，为其带来安全感，即满足其安全需要。爱与归属需要的实现需要政府、家庭、社会团体的共同努力，弱势群体或残障人群要通过及时有效的社会服务来满足。被尊重需要的实现须以完善的教育福利政策制定与推行为前提，公民只有获取足够的知识与能力才能提升自信心并获取他尊与社会认同。自我实现需要的满足虽然取决于个人的发展空间与综合实力，但是社会保障体系形成的安全感与助推力也是拓展公民自由发展的必备要件。综上所述，在现代社会中，社会保障体系的建立是公民追求各种需要的前提，是推动公民需求得以满足的良好社会机制，马斯洛的需要层次理论是社会保障理论研究与政策制定的重要基础。

根据马斯洛的需要层次理论，老年群体的养老需求可以分为五个层级，其中生理需求应涵盖居家老人的衣、食、住、行等基本生存需要，此层级可以通过设置社会救助项目或提高老年人经济收入来实现。安全需要主要为医疗保障与康复护理需要，老年群体生理机能衰退、认知与生活自理能力下降，对医疗护理服务的供给更为迫切，完善的医疗照护服务体系能够给居家老人带来较强的安全感。爱与归属、尊重和自我实现的需要是前两种需求得到满足后，居家老人更高层次的服务要求，表现在精神需要的满足及通过社会参与实现自我价值。构建社会化居家养老模式的根本目的是满足与实现老年群体多层次、多样化的养老服务需求。

第三章 代际支持变化下养老服务供给模式的演变轨迹

代际支持是传统家庭养老的基础，代际支持的变化直接导致养老服务供给模式的演变。本章通过对代际支持平衡期、代际支持相对稳定期、代际支持失衡期养老模式的运行基础与供给变化进行梳理，论证传统家庭养老模式向社会化居家养老模式转变的合理性与必然性。

一、代际支持平衡期：传统家庭养老供给模式

（一）传统家庭养老模式的运行基础

分析传统家庭养老的运行根基必须从政治、经济、文化三维框架着手。在中国传统农业社会中，土地是家庭生存与发展的主要基础，而家国同构政治格局下的宗法制度和与此相适应的孝道意识形态凸显了家庭的社会地位及其重要性，成为传统家庭养老的基础保障。

1. 传统家庭养老模式运行的经济基础：小农经济

中国是一个传统的农业大国，以家庭为单位的自给自足小农经济是中国社会的鲜明特征。在这样一个农业社会中，土地是家庭最重要的资产，耕种劳作收入是家庭的主要经济来源。父母抚养子女，子女为年迈的父母养老送终，世代绵延。自给自足的小农经济是一种非货币化经济，确保了只在家庭内赡养老年人的可行性。在这样的客观经济条件下，“养儿防老”的婚育观念应运而生。有了下一代，家庭就有了持续的劳动力，土地也就有了传承者与继承人。从另一个层面来说，“多子多福”是家庭为了抵御

生存风险的应变措施，通过增加劳动力来提高土地的经济产出，劳动人数与照料人数的增多让老年父母不必担心在年迈不能劳动之时陷入生存困局。为了稳固家庭养老的经济基础，统治者通过法律条文禁止儿孙与父母分家，作为一家之主父母理应享有家庭经济与财产支配权，拥有至高无上的家庭地位，如《唐律》《明律》均规定凡子孙别籍异财者要受到徒刑或杖罚。在农业社会，家庭被政治化并成为制度化的养老安排。

另外，传统农业社会尊老敬老社会风尚的形成，是由客观现实决定的，小农经济社会的生产主要依靠自然和体力维持，由于资源短缺，科技落后，劳动生产技能只能依靠种植作业和经验的累积。因此，老年人日久累积的知识和技能是十分宝贵的财富。基于生活阅历的累积，长者深谙天文地理、熟悉各种农事，这让他们在家庭中拥有绝对的权威并掌握话语权。对于子女来说，赡养老人与顺亲孝亲不仅可以让其传承农耕生产经验，还可获取父辈长期累积的社会关系网。口传文化让“老则贵”有了现实依据，构成传统农业经济社会尊老敬老的基础。

2. 传统家庭养老模式运行的制度基础：家国同构的宗族家长制

在中国传统农业社会中，家国同构的社会政治架构下，君主专制制度与宗族家长制度为家庭养老提供了强有力的制度保障。除去家国同构的外壳，我们发现这种制度的实质就是“忠孝合一”即代际关系中“父为子纲”、政治关系中“君为臣纲”。在“孝子出忠臣”“移孝为忠”的治国理念下，通过家族政治化与国家家族化，统治者把防止“犯上作乱”的责任转移至族长、家长、父亲、丈夫身上，政治统治功能通过普遍的家庭关系渗透至社会各个角落。传统国家为了利于教化统治，推行严格的等级制度，强化服从、宣扬孝道规范、崇尚敬老爱老、倡导代际养老是十分有力的政治手段。君主专制与家长制度相辅相成、共同作用，让子代对亲代的孝敬及大臣对君主的忠诚显得顺理成章，并为传统家庭养老文化提供了制度基础与规范保障。反之，传统养老文化也强化和稳固君主专制与家长制。在中国传统社会这一特定的经济政治环境中，家庭养老模式在国家的全力支持下已经成为制度化的养老方式。统治者为了保障家庭养老的顺利实施，制定了一系列政策措施，孝道规范逐步从道德伦理约束转变为法律强制制度。

（1）树立家长权威，促进子女至孝。“家无二主”是传统家长制度的基本原则，家庭中的财产支配权与家庭事务的决定权均由家长掌握，“共居共财，卑幼不得而自专之”。家长在家庭中的权威是至高无上的，这种权威甚至达到与法律合一的地步，对于违逆尊长、出言不逊的后辈，法律赋予家长正当的惩戒权与送惩权。子女对于家长，要做到尊老、敬老、顺亲，对父母的赡养与报答是其应承担的最基本的道德责任与法律义务，超越了任何经济法则，显得天经地义。

（2）为家庭代际养老提供政策激励与支持。为了保障家庭养老的可持续性，历史上统治者制定了包括法律、舆论、经济优惠、政策优待等在内的多项支持措施激励代际养老行为。如拥有老年人的家庭可享有免除部分赋税、徭役的优惠；如果老人没有子孙后代，可以通过这种优惠措施换取别人的赡养。《唐律疏议》规定，“诸年八十及笃疾，给侍一人；九十，二人；百岁，五人”。承担照顾老人责任的侍丁，可以享有免役的待遇。即使是狱中犯人（犯“十恶”之一的除外），如家中有80岁以上（在明代降低为70岁）老人需要赡养或侍疾可上报刑部暂时中止服刑，回乡侍亲一年之后再继续服刑，或者直接利用“存留养亲”的制度减轻犯案“侍丁”的刑罚。对于高龄老年群体，国家给予定期的物质赐予，包括米、肉、酒、帛等生活必需品，以此保障其基本生活。据《管子》记载，“凡国皆有养老，年七十以上，一子无征，三月有馈肉；八十以上二子无征，月有馈肉；九十以上，尽家无征，日有酒肉”。明太祖诏令：“贫无产业者八十以上，每人月给米五斗，肉五斤，酒三斗；九十以上，岁加给帛一匹，絮五斤，虽有田产，仅足自赡者，所给酒肉絮帛亦如之。”另外，通过奖励孝子，树立典型来强化孝道观念激励子代孝行。《汉书·武帝纪》记载：“皇帝使谒者赐县三老、孝者帛，人五匹；乡三老、弟者、力田帛，人三匹；年九十以上及鳏寡孤独帛，人二匹，絮三斤；八十以上米，人三石。”除了对家庭成员给予物质奖励之外，统治者还把孝行考察作为任用与提拔官员的绩效标准，孝道伦理政治化成为统治者治理国家的有力工具。

3. 传统家庭养老模式运行的文化基础：传统儒家孝道文化

中国传统儒家孝道文化规范是家庭养老模式顺利运行的文化基础。所谓的孝道文化指一切关于孝道的物质、精神、规范、制度的总和。中国的孝道文化指中国文化与中国人的孝意识、孝行为的内容与方式，是历史性过程、政治性归结和广泛的社会性延伸的总和。据文字记载，在我国以孝道为核心的尊老敬老文化观念产生已有三千多年历史。孝道文化起源于人类自然形成的血缘关系，是血亲关系最直接、最朴素的表达方式，是人类生理属性和社会属性的有效统一。孝道观念受到儒家的极力倡导，孔子曰："孝弟也者，其为仁之本与。"（《论语·学而》），孟子曰："老吾老，以及人之老""谨庠序之教，申之以孝悌之义"。在儒家看来，孝敬父母、尊重兄长是为人处世的根本，用"孝悌"思想来教导民众具有很强的社会治理功能。作为传承孝道文化的教科书《孝经》，阐述了孝道是民众做人的基本道德准则，从汉朝开始被历代统治者视为治理天下的至德要道大力推广。在历史上，中国人的道德价值观念和社会交往行为深受以儒家文化为主的传统文化熏陶，孝道文化强烈影响着家庭内部的代际关系。对祖先的崇拜意识、家国一体的宗法制度和社会结构成为孝道文化传承的有力支撑和政治基础。孝道观念的普及，使敬老养老成为人们的核心家庭道德观，并在社会中形成了强大的舆论力量。

中国传统的"孝道"指善于侍奉和奉养父母。它是我国传统社会的核心道德观，是古代家庭养老的思想基础并推动了传统社会舆论监督体系的建立。子女赡养老年父母的行为具体包括奉养、侍疾、尊敬、立身等。也就是说，子女运用社会和法律规范允许的各种行为方式向父母提供资金支持、照顾父母生活起居，最为重要的是要对父母有一颗尊敬之心，保证父母在精神上保持愉快，得到心理宽慰，有所作为让父母感到光荣和自豪，这才是有价值的孝。孝道的精髓在于对父母的"敬"，孔子曰："今之孝者，是谓能养，至于犬马，皆能有养，不敬，何以别乎。"也就是说，子女对年迈的父母要有发自内心的崇拜和尊敬，无条件履行孝道责任。这种宗教性社会规则，含有强烈的道德伦理义务促使子女不惜任何代价照料和侍奉双亲。

当然，孝道文化也产生许多负面影响，如片面要求后代绝对服从家长的权威。但孝道文化巩固了家庭代际关系，增强了家庭和社会结构的稳定性。敬老孝亲的伦理道德观念植根于中国人的内心深处，成为人们自觉自愿遵守的社会行为规范，为家庭养老的顺利实施营造了强有力的文化舆论环境。

（二）传统家庭养老模式的实现途径：土地保障下的代际支持

1. 以土地为中心的代际共居

在生产力低下、生产工具落后的农业社会，为了提高土地的经济产出，扩大家庭收入，增加劳动力投入是唯一路径，这是人们聚族而居、代际共居的客观原因。代际共居或多代共居、共同劳作的形式不仅提高了家庭经济收入，还促使成年子女与老年父母建立起一种互惠、稳定的代际关系。子女照顾老年父母的衣食起居，为他们养老送终，父母过世之后子女继承其土地与财物。

代际共居为老年群体实现家庭养老创造了条件。历史上很多统治者制定了减免税赋、提供物质奖励等措施维持代际共居，保证亲代因高龄或患病生活不能自理时，子代可为其提供及时、有效、综合的养老服务。另外，代际共居条件下子代会承担大量劳动，减轻了父母的压力，提升代际亲密度的同时给老年人带来了更多安全感、幸福感与心理慰藉。在传统共居大家庭，子孙对长辈的孝敬行为通常自动自发，让敬老、爱老行为具有一定的竞争性与排他性，这种下意识的行为产生了意想不到的效果。

2. 亲代支配下的代际经济支持

近代之前，国家法律明文规定，父母在世由其掌管家中经济支配权，禁止子孙别籍异财，目的是为老年人家庭养老提供人力与财力保障。传统家庭的代际经济支持以共居条件下共财形式实现，就是家庭资产所得的收入都交由共同居住的家长管理，子代无直接支配权。国家通过对“三代同财”“兄弟共财”的家庭予以表彰并免除其部分税赋激励和倡导共居共财，保障家长拥有财产支配权。对于不经家长同意擅自动用或盗取家庭财产的晚辈，要接受“鞭笞”甚至徒刑等刑法。对父母健在擅自另立门户、私分家产的子孙，则要承受三年以上徒刑处罚。在父母不知情的情况下私自盗卖家庭田产的，除要受到严惩之外，其交易行为不具有任何法律效力，不受法律保护，大多数会被官府直接没收。这些政策强化了家长在家庭中的经济支配地位，保障其在家庭中的绝对权威。子代的财产由亲代掌握，扩充了老人的养老来源，提高了子女照护父母的主动性与积极性。

3. 儒家伦理规范下的代际照料与精神支持

传统社会中子女是家庭养老的基本资源与载体。在共财共居中，亲代在逐渐完成劳动经验的传授并退出生产领域后，开始接受子代的照料与护理。儒家孝道规范对养老敬老有十分详尽的说明，《孝经》要求：“孝子之事亲，居则致其敬，养则致其乐，病则致其忧，丧则致其哀，祭则致其严，五者备矣，方能事亲。”子女不仅要在经济方面支持父母养老，还要在生活中负责老人的日常起居与衣食住行，让老人有闲情逸致来养性养生。《礼记》详尽地提出子女在饮食起居方面应对老人给予何种特殊照顾。明代的《安老怀幼书》甚至从饮食调制、性格爱好、起居安排、治病号脉、忌讳禁戒等方面对子女提出了全面要求。儒教文化认为，为人子女者，不管是贫穷还是富贵，都要倾其所有、诚心诚意、心甘情愿地奉养尊亲，对老人进行事无巨细地照护。如果老人生病卧床，子女更要朝夕陪伴“侍疾”，即使影响前程也在所不惜。为了保障家庭养老有足够的照料资源，唐代制定了“给侍”制度，强制要求有高龄老人的家庭，子孙中必须有人承担“侍丁”的责任，国家通过免除赋税、徭役让其能够照料老人饮食起居。

除了日常生活照料、“侍疾”及提供物质支持外，孝道的最高境界是让老人心情愉悦、幸福开朗。比起“体养”，侧重精神养老的“色养”更能体现孝道的内涵。子代体贴亲代，和颜悦色、诚心诚意地奉养老人，让父母在精神上得到满足。

（三）传统家庭养老模式的利弊分析

1. 代际支持平衡下家庭养老之利

（1）成本较低。家庭养老是成本最低的养老制度安排。家庭不仅集生产与消费功能于一身，还承担着生育、抚育、养老、保障等职能。传统家庭养老模式利用家庭内部、紧密的代际关系，进行代际间的分工合作，极大地节约了组织运行中的交易成本。从经济支持到照料护理、精神抚慰，这些养老功能均可通过家庭内部的代际互助来完成，几乎没有交易成本。深受亲代恩惠的子代在父母年老后主动承担起对父母的照料责任，减少了社会人力照护资本投入。家庭养老居所已经具备，国家不必再划拨公共财政资金集中建设养老硬件设施，节约了养老资源。

（2）效率较高。传统家庭养老的高效率源于共居共财的家庭结构。在共居条件下，子女能够在父母最需要帮扶照料时迅速地提供养老服务。在孝道伦理的熏陶之下，子女出于对父母的孝敬爱戴与血缘亲情，在老年父母患病或生活不能自理之时能够发自内心、尽其所能地进行照料护理。相对于社会照料来说，家庭成员的责任心更强、效率更高。另外，养老效果与财力的投入密切相关，掌握经济支配权的老年父母能够根据自身养老需求调用资金，提高了养老效率。

（3）功能独特且全面。家庭从产生之初就被赋予了多种职能，抚养与赡养是其基本功能。父慈子孝、代际互助是人类在家庭关系上的理想与价值取向。家庭养老是唯一能够同时满足老年人经济、照护与精神慰藉需求的养老方式，养老功能全面且符合老年人的心理偏爱与预期，有着其他养老方式无法比拟的优越性。特别是在心理抚慰与精神满足感方面优势明显，老年人在熟悉的家庭环境与人际网络关系中享受血缘亲情，获取含饴弄孙的天伦之乐，极大地提升了老年人的幸福感、自信心与安全感，这种独特的情感慰藉功能是集中式养老所不具备的。

2. 传统家庭养老模式之弊端

（1）与工业社会发展需求相背离。传统家庭养老模式与小农经济紧密贴合，但在工业社会这种贴合状态被打破，家庭养老功能逐渐弱化。首先，代际共居要求与工业社会发展相背离。工业社会机械化大生产需要大量年轻劳动力，工厂替代家庭成为最基本生产单位，人们的收入来源不再局限于土地劳动，小农经济社会以土地为中心的代际共居模式逐渐被抛弃，家庭结构趋于松散，代际之间的紧密程度减弱。其次，工业社会老人的照护成本增加。社会的发展和科技的进步提高了人们的预期寿命，但是由于子女数量特别是共居子女人数减少，老人的照料成本直线上升。最后，工业社会老年人口授传承的劳动经验价值逐渐降低，子女可通过更为便捷的途径获取文化知识，使老人传统智者形象大打折扣，并逐渐丧失家庭经济支配权与话语权。传统家庭养老模式要求的共居共财、“以顺为孝”、“以老为尊”、“父母在，不远游”，这些牺牲子代利益坚持孝道养老的要求与工业社会发展不相适应，改革势在必行。

（2）与子代生存发展要求相悖。传统孝道伦理规范与价值观要求子女对父母无条件并发自内心的尊敬、崇拜、服从并履行养老责任，这种集政治性、社会性与宗教性于一身的规则体现出强烈的道德伦理义务，要求子女不惜一切代价维护家长权威，赡养、照料年迈的父母。《孟子·离娄下》载：“事孰为大？事亲为大。”事亲是做人的最高品格，子女的仕途发展、人生追求与事亲相比微不足道。为了事亲，放弃功名利禄与个人追求是统治者标榜的道德模范与楷模。这种片面要求子女绝对服从的家长专制主义产生不平等，子女在家庭事务中没有任何决策权，以“孝”为第一目标的强制性规范阻碍了子女实现自我价值与人生理想的应有自由。

（3）养老风险承担局限于家庭内部。在传统农业社会，家庭承担着政治、经济、宗教等多种功能。由于社会中缺乏团结、有效的大范围异质群体，使得家庭成为整个社会最普遍且相对单一的组织形态。人们通过代际共居或多代共居的居住方式完成家庭的各项福利供给功能，老年人的生活保障完全依靠家庭实现，人的生、老、病、死以及发生意外灾祸所产生的养老风险完全由家庭内部消化，并由此形成了传统家庭保障制度。没有统一的组织或机构承担养老保障功能，保障主体的单一性使得家庭一旦遭遇危机或天灾人祸，老年人就会陷入孤苦无依的状态。

二、代际支持相对稳定期：单位制家庭养老供给模式

（一）单位制家庭养老模式的运行根基

1. 单位制家庭养老模式运行的经济根基：计划经济

新中国成立后，随着社会主义改造的推进，传统以土地为中心的小农经济制度被推翻。在农村提出“改造小农经济要逐步废除土地私有制，建立集体经济组织，合理分配管理组织内部的生产资料与劳动产品”。在国家号召下，农民组成互助小组进行合作式生产劳动，在此基础上逐渐发展成立初级农业合作社和高级农业合作社，合作化运动加快了个体私有制向集体所有制的转变。国家规定土地及其产品的所有权、使用权与分配权统一归集体所有，集体领导农民进行统一生产、统一劳动、统一分配。在农村地区，家庭经济来源完全由公社或生产队掌握，公社统一对区域内的老人发放相同的养老资金，提供一定范围内较低水平的养老服务。

在城市，1956年社会主义改造基本完成，我国计划经济体制正式确立。在该体制下，资源配置和产品的筹备、生产、销售、价格制定等环节全部由主管财政、经济的部门统一规划，并向全民所有制企业下达指令性生产目标，并处理收支业务。中央机关直接负责财政投资与经营管理，支配人力、财力、物力。除此之外，全国实行统一的劳动用工与工资管理体制，并逐步建立全民就业制度。高等学校毕业生与复员军人由国家统一分配、安置，逐渐形成了具有“铁饭碗”性质的劳动用工制度。机关企事业单位职工工资的给付标准、涨幅、退休标准等均由中央统一规定。

社会主义全民所有制经济和农村集体所有制经济的巩固和发展为单位（集体）制奠定了经济基础，自给自足的小农经济被彻底推翻。在计划经济体制下，国家不仅较容易对经济进行调节，还可以通过单位完成对个人收入的分配。单位特别是企业单位在非竞争条件下统一按计划生产、运行、交易，保障了单位的资金来源与利润，让单位有较充足的资金向职工

提供各种福利。在城市，机关企事业单位职工的福利由其所在单位负责，国家通过单位承担统一的社会保障政策制定、组织、实施等事务；在农村地区，这一责任则由公社或生产队等集体组织承担。

2. 单位制家庭养老模式运行的制度根基：单位保障制度

单位保障制度是指在计划经济与单位体制下，社会成员被分割到各个单位（城市为各种机关企事业单位，农村为人民公社和生产大队或小队等集体组织），并与其所在单位构成不可分割的关系，享受相关社会保障待遇的保障制度。单位保障制度可以追溯到国家工业化之初，计划经济体制的建立。随着私有经济与个体经济的消失，吸纳城市居民就业成为国家的一种责任，国家将待就业的城市居民统一安排至各劳动生产单位。至此，居民的社会福利供给责任完全由单位接管，传统社会中一部分本由家庭承担的保障责任也转向单位，给付范围不用局限于职工本人，很大一部分是针对职工整个家庭。单位保障不仅包括养老，还包括医疗、工伤、救济等。国有企业职工的养老、医疗保险费用由企业承担，政府机关事业单位职工则由财政负责；虽然支付主体不同，但基本待遇相差不大。以职工就医来说，看病除挂号费、营养滋补、美容等费用自付之外其他医疗费用全部或大部分由政府财政和企业支付，职工和职工供养的直系亲属可在指定医院诊所免费诊治。计划经济时期，我国形成了以国家为主要责任主体，单位集体共同负责的较为完整的养老保障制度，保障资金的发放实行现收现付制，资金来源于政府财政拨款和企业支付，国家和单位紧密地融为一体。1968 年，国家—单位保障制度的责任中心开始由国家向单位转移，企事业单位迅速包办各种社会服务，逐渐走向封闭的单位化保障。在农村地区，家庭的生产功能被大队和人民公社取代，农民的养老和健康主要依靠集体经济力量保障。1956 年，全国人民代表大会第一届第三次会议通过《高级农业生产合作社示范章程》，确立了“五保”制度（保吃、保穿、保住、保病、保葬），解决农村孤老残幼生计问题，使这些人的生养病死都有指靠。

以上制度体现了国家对老年人的关怀和照顾，但是必须看到，新中国成立初期社会生产力落后，城乡、职工与非职工之间的社会保障水平差异较大，单位（集体）的统包统揽造成福利开支增长过快，浪费现象严重，给政府和企业带来了沉重负担，严重影响了社会经济的发展。

就养老服务而言，新中国成立初期，政府利用救济院、慈善堂等慈善机构安置城镇流离失所、无家可归人员，对其进行生产劳动的再教育。1961 年，经过内务部专门整顿后，这些救济机构开始提供社会福利服务，主要接收城镇中的“三无”老人。1956 年，黑龙江省拜泉县兴华乡完成合作社改造后，为了解决年老体弱“五保”对象的生活照护问题，建立了全国第一家敬老院，得到了中央政府的充分肯定。1958 年 12 月，中共八届六次全会通过的《关于人民公社若干问题的决议》号召各地兴办敬老院，为那些无依无靠的老年人提供较好的生活场所。截至当年年底，全国共办起超过 15 万所敬老院，收养“五保”对象 300 余万人。这个时期，养老服务体系建设整体上尚未充分建立，国家提供的老年福利服务基本上采取补救型模式。绝大多数老年人照护服务通过家庭和邻里互助来完成，家庭养老是老年人养老供给的主要力量。只有一小部分入住敬老院和养老院的老年人享有国家的老年照顾服务。

3. 单位制家庭养老模式的文化基础：集体主义

体制的形成依赖于文化属性与历史传统，单位保障制度也不例外，它适应了中华民族的文化性格、审美取向与最终关怀。单位与原家庭虽然在生成动力方面差别较大，但从内部机制来看，两者具有较强的相似性。传统的家族家长制是单位保障制的文化心理基础，随着孝道文化的式微，传统的家庭中心主义被集体主义取而代之。

新中国成立后，社会主义三大改造确立了以全民所有制和集体所有制为主要形式的社会主义公有制。在这一经济制度下，新的文化观念逐渐树立起来，那就是先国家再集体后个人。国家和集体通过制定、调整政策、措施，保障劳动者个人利益，引导人们树立个人利益服从集体利益的观念，当国家、集体和个人利益发生冲突时，要牺牲个人利益来保护集体和国家利益。集体在农村地区为生产队与公社，在城市地区则为工作单位；

家庭被认为是个人的一部分，但是从社会功能层面来说，家庭具有稳定性功能，国家倡导夫妻之间相互照料，晚辈对长辈负有赡养责任。

在单位保障制度下，集体主义成为主流文化。由于单位是人们获取福利的唯一主体，职工所有的生活需要都由单位来提供，因此很多职工甚至把单位看成一个大家庭。这一时期涌现出大量“爱厂如家”“带病坚持工作”“三过家门而不入”的工作模范。因为秉持“先生产后生活”的指导思想，单位提供的生活服务特别是养老服务并不全面，而计划经济体制遏制了社会个体服务业的发展，当职工步入老年期或患病卧床时，承担照料护理责任的主体仍为家庭。尽管单位为职工提供一定程度的养老保障，但法律规定子女对老年父母负有养老责任，子代对亲代的照料与支持为优良传统应予以传承。

（二）单位制家庭养老模式的实现途径：单位制下的代际支持

1. 城市单位保障制下的代际支持

在计划经济体制下，国家通过机关企事业单位（“文化大革命”时期扩充为城镇以上的集体单位）对社会成员进行统一管理，单位承担职工生、老、病、死、伤残等各项福利、救济的给付任务，最终形成“单位办社会”的单位保障制度。虽然家庭养老仍是老年人养老的主要模式，但家庭代际支持的来源与内容发生了很大变化。

（1）代际经济支持。在单位保障制度下的城镇地区，家庭成员的经济来源完全依靠工作单位。单位取代家庭中长者掌握经济管理权、决断权，承担职工衣、食、住、行、生育、医疗、教育等费用。无论是在岗还是退休职工，单位按照国家统一标准为其发放工资或退休金保障其基本生活。给付对象并不局限于职工本人，而是囊括了职工的直系亲属，如死亡职工家属若无固定工作或经济来源，单位会为其发放最低生活费。如果职工家庭人均收入偏低或遭遇意外事故致使其生活难以维持，经本人申请单位可为其提供紧急援助与救济。职工直系亲属罹患疾病，单位可按照相关规定为其报销大部分医疗费用。传统家庭代际间的经济支持在单位保障制度下已然发生改变，老年职工养老完全依靠单位，青年职工无固定工作的老年父母虽然仍主要依靠子女帮扶维持生活，但原先完全依靠家庭经济支持的养老模式已经发生转变。

（2）代际照料与精神慰藉。虽然在经济方面单位为职工及其老年父母提供了保障，但在计划经济体制下，个体经济与市场经济遭到全面遏制，社会服务业严重滞后，且服务昂贵，大多数家庭难以承受。老年人一旦生活不能自理或者患病卧床，承担照料护理与精神慰藉的责任主体仍然是家庭成员特别是成年子女。

2. 农村集体保障制下的代际支持

1958 年后，家庭不再具有单独生产功能，取而代之的是公社组织农民以生产队为基本单位进行统一生产、统一核算、统一分配，公社与生产大队凭工分按劳分配。根据人民公社的分配制度，老年人不管是否具备劳动能力，均能从集体组织获取一定数量的粮食以维持基本生活。对无生活来源的农村鳏寡孤独社员依“五保”政策进行赡养。对年老体弱、患病卧床或生活不能自理又缺乏照料的社员，由公社安排专人进行照护。一些农村地区尝试建立敬老院集中供养无人照料的老人，防止其陷入孤苦无依的境地。总之，在集体保障制度下公社承担了老年人的部分养老责任，但受限于经济条件，绝大多数农村老人仍然延续了传统的家庭养老方式，这种模式受到国家与集体的支持与激励。

（1）代际经济支持。在农村，集体保障制度下家庭养老的代际经济支持带有强制性特征。虽然家庭不再具有生产职能，传统儒家思想中的族权、父权、夫权也被废除，但是农村家庭的赡养功能并没有弱化，反而由于公共财政投入有限、社会化养老服务欠缺受到推崇。为了保障老年人的合法权益，公社或生产大队在进行分配时通常不直接发放给社员个人，而是以家庭为单位，由家庭中的长者领取，成年子女无权申领。因此，农村地区老年人家庭中对经济的支配权没有改变，代际经济支持的力度并未明显减弱，这巩固与提升了老年人的家庭地位，使农村家庭养老模式得以持续。

（2）代际照料与精神支持。在农村地区，担负照料老年人生活与精神慰藉责任的仍为家庭成员，其中子女占比最高。在农村集体保障制度下，严格的户籍制度限制了农村人口的流动，农村家庭代际共居的比例没有太大变化，大多数家庭拥有充足的人力照料资源。另外，家庭的经济支配权仍然掌握在老年父母手中，这间接激发了子女对老年父母的自发性照料与精神抚慰行为。

（三）单位制家庭养老模式的利弊分析

1. 单位制家庭养老模式之利

（1）单位兜底提升了家庭养老的抗风险能力。在传统社会，老年人生活与养老需求完全依靠家庭，一旦家庭遭遇风险或面临困境，老年人也失去了基本生活保障。相比而言，单位保障制下的家庭养老由于有单位（集体）兜底，极大提升了老年人抵抗风险的能力。首先，职工退休后同样享受单位的各项福利，遭遇意外状况时也能向单位寻求帮助。其次，子女有正式单位的无固定工作的老年人，如果家庭遭遇变故或子女伤残、死亡，子女单位可为其发放最低生活费用。若职工家庭遭遇意外事故致使其生活难以为继的，单位还可为其提供紧急援助。农村社会保障水平虽然低于城市，但老年社员遭遇家庭变故或意外事故之后，公社同样可为老人及其家庭提供救助与帮扶。缺少依靠的老、弱、病、残及孤寡社员，公社可在生产和生活中给予适当照顾，保证其吃穿用度，使其都有依靠。在计划经济体制下，单位（集体）承担了社会救助职能，且福利给付以家庭为单位。只要直系亲属中有人有固定工作单位，那么老年人的家庭养老就有了兜底性保障，这种模式增强了家庭抵抗社会风险的能力。

（2）福利供给内容的全面性减轻了代际支持压力。在单位制家庭养老模式下，老年人的养老资源来源于单位与家庭。单位提供的福利项目几乎涵盖职工衣食住行、生老病死等各种需求，且福利获取并不以退休年龄为限，而是覆盖职工整个生命历程。老年职工不但可以从单位定时领取较高的退休金，还享有公费（劳保）医疗的权益，极大地减轻了家庭的代际支持压力。

对于青年职工而言，家庭支出比重大的教育、住房、医疗基本由单位免费供给，如子女教育由单位负责；单位福利房根据职工的工作年限、技术类别、家庭人口数量等指标进行分配；患病职工在单位附属医院可享受公费医疗的待遇。这一系列福利项目减轻了家庭成年子女的经济支出压力，让其有能力为父母提供更多的养老服务。

2. 单位制家庭养老模式之弊

（1）城乡及单位之间福利供给的不均衡。在计划经济时代，国家优先发展重工业，相比农业更加重视工业的发展。为了配合工业化目标的实现，公共财政对国有企业以及国有企业职工生活保障给予优先照顾，国有企业所在的城市被放在首要位置。相反，农村社会保障长期缺乏公共财政支持，福利水平较低。与城市大而全的保障不同，以集体经济为依托的农村社会仅有“五保”救济与农村合作医疗保障，仅能满足最低限度的要求，保障作用不明显。城市机关企事业单位与农村集体公社对家庭养老的支持力度差距明显。

除了城乡之间福利供给不均衡外，城市单位组织之间在福利供给方面也不均衡。在国家—单位保障制度下，福利责任主体逐渐由国家转向单位，单位担负起社会福利供给职能，社会保障走向保守、自我封闭、单位化。各单位根据自身财务状况与福利供给能力对本单位职工提供各种保障性服务，这种不具有互济功能的福利供给模式具有不均衡性。由于国有、集体单位在财政支持力度、资源与利益分配、发展机会等方面具有较大差距，不同单位职工福利水平差距较大。城乡、单位之间的福利差异不符合社会公平原则，不利于体现社会主义制度的优越性。

（2）单位负担过重、劳动效率低下。单位保障制度是一种权利义务要求单向化、社会组织作用遭到遏制的制度模式。单位制下的家庭养老成为主流养老方式，子代主要履行照料与精神慰藉责任，职工养老金、住房、医疗等支出全由单位承担，单位管得过多过死且缺少费用控制机制，造成福利费用增长过快，浪费严重。企业用于职工生活保障特别是养老、医疗支出比例过高，严重阻碍了企业的扩大再生产，一些国有企业陷入不堪重负的境地。

另外，在单位保障制度下职工按照工龄获取福利，易导致吃大锅饭的心理，缺乏竞争与创新意识，降低了劳动效率。经济效率与福利供给脱钩使企业失去动力，滋生向国家伸手等、靠、要的惰性。国家为了维持单位正常运转，实现其福利分配功能，需要不断地进行资源输入，资源被严重浪费。

三、代际支持失衡期：社会化居家养老供给模式

（一）社会化居家养老模式的建构基础

1. 社会化居家养老模式构建的经济根基：工业化社会下的市场经济

社会化居家养老服务是以家庭为基础，由政府、社区、社会组织、营利服务组织、邻里志愿者等多元主体根据老年人的实际养老意愿与需求，协同合作共同为其提供多样化服务的养老服务模式。从其定义可以看出社会化居家养老要求服务供给主体多元性、供给项目专业性、供给途径多样性。要想达到以上目标，就必须具有强大的社会组织基础，引入竞争机制促进服务供给质量与效率双提升，因而必须建立市场经济体制。

改革开放后，计划经济体制因不适应社会发展要求逐渐被市场经济替代。市场经济体制的建立为社会化养老模式构建提供了经济基础。单位、家庭的后撤让老年人养老服务需求不断向社会转移。社会需求是市场发展的原动力，全国各地社会服务组织如雨后春笋般涌现，养老服务市场逐渐成熟，并呈现专业化、规模化、职业化发展态势。不断规范化的竞争机制使养老服务市场开始“良币驱逐劣币”，社会组织服务质量与品质不断提升，服务更加多样化、专业化。养老服务市场的不断发展完善为政府转变服务供给方式提供了替代性路径。

2. 社会化居家养老模式构建的制度根基：社会保障制度

单位保障制度的瓦解使居民生活保障制度向统筹程度更高、互济性更强的社会保障制度转变。社会保障制度是保证市场经济正常运转的维系机制，并被界定为市场经济体系的五大支柱之一。这种与国民经济发展保持

协调性的保障形式可持续性更强，具有稳定社会、调节收入分配、促进劳动力再生产与化解社会风险的功能，其包括社会保险、社会救助、社会福利、社会优抚与社会互助。就老年群体而言，正常退休的老年人每月能够定时领取基本养老保险金可保障其基本生活。经济收入的稳定性让老年人有能力根据自身需求在不离家的前提下从社会与市场中获取付费性养老服务。如果老年人无固定经济来源，政府可通过社会救助机构对其进行帮扶与救济，救助形式既有现金给付也有实物给付。在社会保障制度下，选择居家养老的老年人以家庭代际养老为基础，从社区获取居家养老服务信息，通过对比选择符合要求的服务生产者以满足自身养老需要。同时，社区须及时收集兜底性养老服务受众信息，防止社会救助"瞄偏"，发动组织社区居民组成志愿者队伍，针对老年弱势群体开展邻里互助等帮扶活动，缓解家庭居家照料的人手压力。

3. 社会化居家养老模式构建的文化根基：新孝道文化

在社会化居家养老模式中家庭是养老服务供给的基础主体，由于老年人对居家养老的偏爱和对家庭成员照料与精神抚慰的依赖，完善对家庭养老的制度性激励与社会支持网络创建，促进家庭成员特别是子代对老年父母的主动赡养行为成为社会化居家养老模式构建的首要目标。此外，文化作为社会的调适系统发挥着社会控制与调节作用，新孝道文化成为社会化居家养老模式运行的思想基础与行为准则，对群体的目标指向和价值规范约束以及社会思想的整合与进步发挥着巨大作用，为顺利推进社会化居家养老提供了社会舆论支持与氛围。

新孝道文化要与传统孝道文化相区分，新孝道最大的特点是提倡亲子之间的平等，打破过去子女对父母无条件的盲从与顺从，强调在自立自强的基础上老年人与子代建立一种平等对话、相互体谅、双向义务的代际关系。孝道的对象从家庭引申到对全社会老人的开放式孝道，就是要在全社会培养尊老、敬老、爱老、扶老、助老意识。在新孝道规范指引下，人们修正品行，规范人伦秩序，促进家庭和谐，子代主动承担赡养父母责任。有助于培养集体主义精神，激发社区居民互助意识，为老年人居家养老构建强有力的非正式性支持网络。

（二）社会化居家养老模式的实施途径：多元主体协同供给

1. 社会化居家养老服务多元供给主体

社会化居家养老服务主体除了家庭之外还包括公共组织、私人部门、第三部门、社区等。当代老年群体的养老需求呈现多样化特点，必须汇集具有各自优势的多元主体协同合作，形成多层次、多模块的服务系统。戴维·奥斯本和特德·盖布勒对不同养老服务主体的优势领域进行了明确划分：公共组织最适合政策管理和推进公平；私人部门在追求效率上往往有上佳表现；而第三部门则可在不产生利润的领域发挥优势。在社会化居家养老服务供给中政府主要负责政策制定并为其他主体提供运行资源。社区作为社会居家养老服务供给的核心与中心枢纽，不仅担负着社会资源的整合职能，还要成为供需双方信息交换的平台。虽然社区也向居家养老的老年群体提供基础性养老服务，但服务的直接生产者主要是家庭、私人部门与 NGO，这些主体各具优势，在提高养老服务供给效能方面成效显著。

2. 社会化居家养老服务的协同供给方式

协同是公共服务多元主体供给的必然选择，当一个以上主体活跃在公共服务领域时，就会产生协同的需求。提供及时、有效、高质量的居家养老服务需要各主体相互合作，优势互补，形成协同供给的互动关系。协同供给是指通过异质子系统间的耦合依存、风险共担、资源与能力互补使行动保持一致，以达到有序的供给状态，实现居家养老服务的最终价值目标。

为了保证这种上下互动、网络交互的供给方式能够顺利进行，就必须建立多元主体之间的信任机制、信息共享机制与协商调解机制。其中，信任是实现协同合作的第一步，信任感催生的集体意识会增强主体间的价值认同。居家养老服务多元主体间的信任机制以法制、契约、理性为基础，经由制度信任、过程信任、特征信任的有效运行，促进主体间信任关系确立、持续与稳定。基于相互信任，多元主体就有了互动、沟通与合作的意识，各主体把掌握的信息与资源扩散至整个供给网络，供其他主体利用、吸收与参考，可使居家养老服务的供给效能显著提高。信息共享不仅包括居家养老服务对象及其家庭成员的收入、健康、职业等信息，还包括各主体的供给内容、专业人才组成、优势项目、配套设施等信息。另外，多元主体在协同合作过程中，由于来源于不同利益群体，“经济人”属性使其在追求利益耦合的同时更加关注自身利益，这就需要建立以政府为中心、社区为平台的信息共享与协商机制，对共享收益合理分配，以及时化解矛盾，规制各方行为。

3. 社会化居家养老服务多元协同供给程序

社会化居家养老服务由多元主体协同供给，既然是多元主体参与必然涉及谁主谁次，谁先谁后的问题。从供给与需求两方面来看，家庭具有独特、全面的服务生产功能，符合老年人需要，因而仍然是提供服务并抵御养老风险的基础阵地。遭遇家庭养老困境的老年群体，可以通过社会获取居家养老服务。如果家庭与社会均不能及时有效提供局家养老服务，表明养老对象缺乏固定经济收入或养老资源，属于弱势群体范畴，针对这部分老人政府必须承担供给责任。

在工业社会中，人们面临风险的概率上升。代际支持失衡迫使政府、社会、市场对家庭改变事后干预的激励与支持方式。从经济角度来看，事前预防更能让家庭获取更多收益。因此，在社会化居家养老服务中，作为中心枢纽——社区的作用日益凸显。社区通过整合服务主体与对象的相关信息，结合辖区内居家老人的实际状况与需求，参考多元主体的优势与福利给付条件，对老人及其家庭及时传递获取事前预防性与事后补救性养老服务的信息。从这个角度来说，政府、社区、社会、市场、家庭的供给内容早已糅合于居家养老的具体服务之中，很难准确界定服务主体的先后次序。

（三）社会化居家养老模式的优势分析

1. 社会化居家养老模式迎合了老年人的现实需求

养老模式的选择受到社会经济发展、家庭收入、养老观念、赡养文化、人口家庭结构变化等诸多因素的影响。在我国，传统农耕文明和儒家孝道文化的历史传承让老年人对家庭养老的选择性偏爱更强。相比集中式养老带来的陌生、孤独、寂寞，在熟悉的居住环境和家庭氛围中颐养天年更易使老年人心情愉悦与幸福满足。随着收入水平的不断提高，老年人更加重视来自家庭成员的亲情而非物质的支持。良好的代际关系作为一种精神寄托和情感支撑，能够提升老年人的满足感与幸福感，并增强其社会参与的自信心。家庭是老年人承载人生记忆和感情依托的场所，可为其带来安定与欣慰感。

当然，随着社会的进步，对居家养老的坚持并不妨碍老年群体追求长寿与高品质的生活，越来越多的老人开始关注体育健身、医疗保健、社会参与、文化娱乐、康复护理等服务，向着范围广、质量高、专业性强的要求发展，这些服务需求在传统家庭代际养老条件下不可能得到满足。因此，结合家庭与社会两者之力，迎合居家生活要求的社会化居家养老模式应运而生。老年人以家庭为基础，居家或在社区根据自身需要接受来自政府、社区、社会组织、家庭成员、邻里志愿者的服务，以上门服务、社区服务为主，并以短时机构照护为补充，这种灵活、多样、方便、快捷、专业化的养老服务供给方式更符合老年人的现实需要。

2. 社会化居家养老模式减轻了家庭代际支持压力

现代社会，成年子女出于个人价值的追求和对生活私密性的保护更多选择与父母分开居住，建立在多子女共居条件下的家庭代际养老失去了客观基础。随着社会竞争的加剧大多数成年子女面临着巨大的工作与生活压力，老年父母一旦失去自理能力或丧失经济来源将很难从成年子女那里获取足够的养老保障。

在社会化居家养老模式下，多元主体根据老年人及其家庭的不同情况针对性地进行服务供给，可满足老年群体多层次的养老需要。由社区组织的文娱活动、体育健身、老年课堂等帮助老年人排解孤独寂寞；由市场、社会组织提供的专业性生活照料、康复护理、医疗保健等项目可满足老年人的照护诉求；政府在提升老年群体收入的同时创造公平的就业环境帮助其提高收入，对弱势群体兜底性养老服务供给及时补位，增强了家庭抵御社会风险的能力。总之，社会化居家养老服务模式下政府、市场、社会对居家老人及其家庭提供经济、日常照料、医疗康复、文化娱乐、喘息服务等方面的综合性服务，减轻了成年子女的赡养负担、心理与精神压力，促进了代际关系的良性发展。

3. 社会化居家养老相比其他养老模式成本效益比更低

首先，养老机构虽然可以提供全天候综合性养老服务，但对于有自理能力的老年人，这种全方位、程式化、补救性服务并不必需，老年人却仍要为这些高昂但不必要的服务买单，造成家庭支出的增加。其次，从政府层面看，集中式养老机构需要耗费大量人力、物力、财力建设老年公寓、基础设施、配套设备、运营补贴等，但是高成本投入并没有获得理想中的高效益回报。就老年人意愿来看，对机构养老的总体性排斥导致养老机构入住率偏低，大量床位空置，养老资源浪费严重。

其次，社会化居家养老模式具有投资少、覆盖面广、服务方式灵活、收益高、资源整合能力强的优势。老年人居家或在社区根据自身需要选择专业性不同的服务组织的针对性服务，避免了不必要的费用支出。另外，居家养老服务方式一般以上门或短时托老服务为主，建设与运营成本不高，收费较养老机构更加低廉，服务获取距离较短，可及性和可得性更高。对政府而言，居家养老避免大量重复且无效的建设投入，节约了养老资源。

第四章 代际支持失衡的形成及对家庭养老功能的影响

本章基于 Sliverstein 代际支持稳固模型，结合我国经济社会发展现状，详细分析引发家庭代际支持失衡的宏观与微观因素，并实证调查研究代际支持失衡对家庭养老功能的直接影响。

一、引发代际支持失衡的宏观要素

人口结构、家庭结构的变化与家庭代际的支持程度、养老服务的供给效能息息相关。新中国成立后特别是实施计划生育政策后，我国的人口结构和家庭结构有了显著变化，对养老服务的供给产生了深远影响。

（一）人口结构的改变

人口结构指一定数量的人口形成一定的结构成为稳固和发展社会体系的子系统，是社会系统的重要组成因子和基础结构。因此，必须根据人口发展规律对人口结构进行调整，新中国成立后我国人口结构的变化主要表现在以下两个方面：①人口年龄结构的改变；②城乡人口增速差异。

1. 人口总量与年龄结构变迁

（1）人口总量的变化。新中国成立初期，国家鼓励多生育，政策的激励和医疗水平的提高促使我国人口总数持续上升。20 世纪 70 年代初期，国家开始推行计划生育政策，我国人口增长率有了明显下降并趋于稳定，但人口总体规模的增长势头一直持续，如图 4-1 所示。

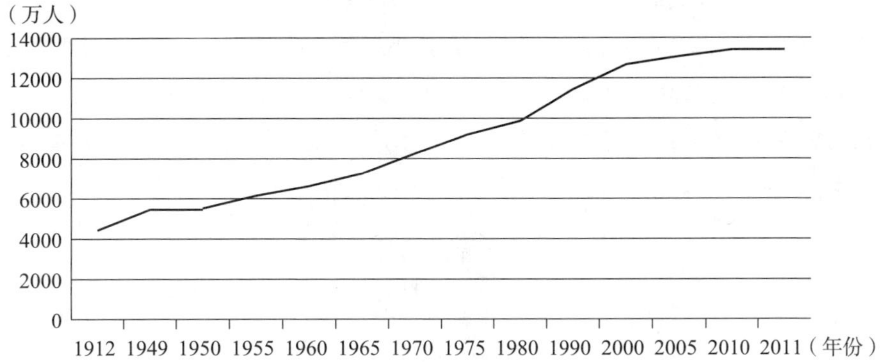

图 4-1 1912—2011 年我国人口总数的走势

资料来源：笔者整理。

新中国成立以来，人口总量随着三次“婴儿潮”的出现而迸发：①1949—1957年。出生死亡率和人口总死亡率双双下降，出生率稳定增长。但由于人口基数较小，出生总人口数保持在 1500 万~2200 万人；②1962—1972 年。每年新增人口 2600 万~3000 万人，迎新中国成立后最大的一次婴儿出生潮，被称为“主力婴儿潮”；③1986—1990 年。“主力婴儿潮”出生的婴儿已到了生育年龄，计划生育政策的推行虽然降低了妇女生育率，但是“主力婴儿潮”导致人口基数较大，这一时期每年出生人口数大约为 2400 万人，第三次“婴儿潮”又被称为“回声婴儿潮”。

（2）人口年龄结构的变化。新中国成立后，人口总量的变化、三次“婴儿潮”的出现和人口死亡率的下降对我国的人口年龄结构造成重要影响。近年来，第一次和第二次“婴儿潮”中的出生者逐渐步入老龄期，老年人口数量和比例不断上升。根据国际公认衡量标准，65 岁以上的老年人口占人口比例超过 7%表示进入老龄化社会，根据这个标准我国早在 2000 年就已经步入老龄化社会，65 岁以上老龄人口占总人口的比例从 4. 9%提升至 7%步入老龄化社会我们仅仅用了 18 年，发达国家一般要经历 40~100 年。就地区差异而言，经济发达的东南沿海地区，老年人口比例高，经济不发达的中西部地区老年人口比例较低，我国社会老龄化程度呈现自西北向东南逐步加深的格局。

与人口死亡率下降相对的是我国青壮年人口数量和出生率的逐年下

降。人口出生率从新中国成立初期的43.8‰下降到2019年的10.48‰，同期人口死亡率从25.1‰下降到7.14‰。出生率和死亡率的持续下降对我国的人口年龄结构产生重大影响，人口的年龄结构从新中国成立初期的金字塔形逐渐发展成为两头小中间大的纺锤体形，标志着我国迈入“双重老龄化”社会，如图4-2和图4-3所示。

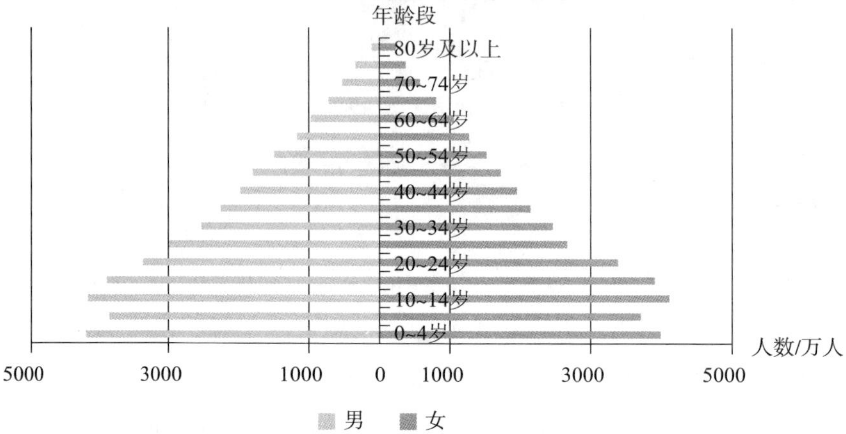

图4-2　1964年我国人口年龄分布

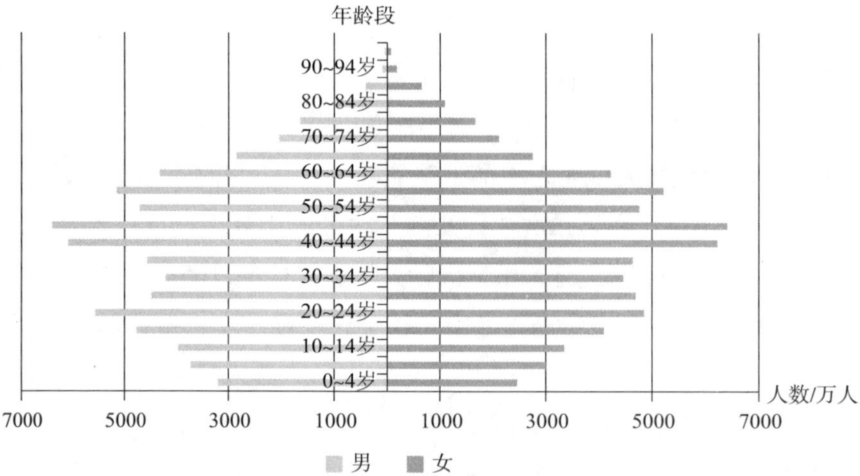

图4-3　2013年我国人口年龄分布

资料来源：根据《1964年第二次全国人口普查主要数据公报》和《2013年国民经济和社会发展统计公报》数据整理。

如果没有重大政策调整，我国老龄化社会趋势将不断加深，预计2050年60岁及以上老年人占比将超过30%进入深度老龄化社会（见表4-1）。作为重要生产要素的劳动人口的减少不仅给经济发展带来负面影响，还给养老保障带来沉重压力。

表4-1　中国劳动人口和老年人口结构的变化趋势

年份	年龄					
	15~59岁		15~64岁		60岁及以上	65岁及以上
	数量（万人）	占比（%）	数量（万人）	占比（%）	占比（%）	占比（%）
2015	91934.8	67.1	99581.9	72.7	15.1	9.5
2020	91436.4	65.9	98893.8	71.3	17.4	12.0
2025	89516.4	64.2	98126.1	70.3	20.2	14.0
2030	84950.6	61.0	96008.2	68.9	24.4	16.52
2035	80206.0	58.1	90981.0	65.9	28.0	20.2
2040	77553.5	57.0	85855.7	63.1	29.4	23.3
2045	73823.4	55.4	82896.5	62.2	31.1	24.3
2050	68200.9	52.6	79001.0	61.0	33.9	25.6

资料来源：联合国世界人口预测2010版（2011年发布）。

2. 改革开放后我国城乡人口结构的差异

新中国成立初期，我国农村人口总数为4.84亿人，占全国总人口的89.4%。改革开放后，大、中城市特别是沿海城市相对于农村地区在经济、教育、科技、医疗等方面的优势日益凸显，吸引大量农村富余劳动力。农村流入城市的人口从1989年的3400万人上升到2011年的2.5亿人，占农村人口的三分之一还多，中国社会已经由传统固态化向高速流动型转变。人口的大量迁移导致农村人口总数不断下降，城镇居民总数直线上升，至2013年城镇人口首次超过农村人口达到7.311亿人。为了适应新形势，国家先后出台多项制度措施为人口正常流动创造有利条件（如图4-4所示）。

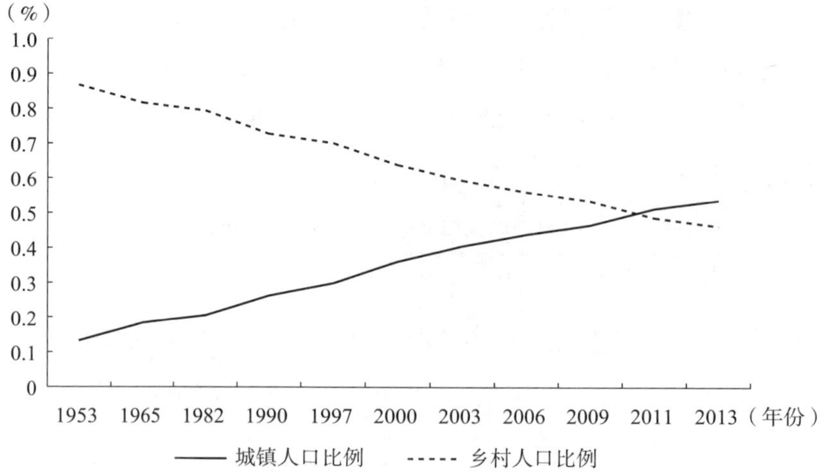

图 4-4　我国乡村和城镇人口比例

资料来源：第六次全国人口普查和历年国家国民经济和社会发展的统计报告。

劳动力大规模流动迁移导致城乡老龄化形势逆转，“削峰填谷”式的人口流动延缓了城市老龄化速度却使农村人口年龄结构老化严重。一般情况下，城乡人口年龄结构变化是不同时期城乡人口自然变动和机械变动共同作用的结果。由于城镇人口出生率下降速度较快且长期低于农村，自然变动城镇人口的老龄化比例应该高于农村，但是大量农村青壮年劳动力涌入城市，这一机械变动加速了农村地区的老龄化进程（见表 4-2）。相对落后的农村养老福利体系在人口结构老龄化加速和“空巢”老人数量暴增的双重冲击下面临严峻考验。

表 4-2　我国城乡人口老龄化趋势

指标		年份				
		2000—2005 年	2005—2010 年	2010—2015 年	2015—2020 年	2020—2025 年
年均升幅（%）	全国	0.19	0.15	0.25	0.44	0.33
	农村	0.24	0.25	0.38	0.62	0.45
	城镇	0.14	0.08	0.19	0.39	0.34
年均增率（%）	全国	2.58	1.79	2.78	4.10	2.60
	农村	3.11	2.76	3.66	4.82	2.90
	城镇	2.20	1.15	2.49	4.24	3.14

资料来源：田雪原，等 .21 世纪中国人口发展战略研究［M］. 北京：社会科学文献出版社，2007：76.

（二）人口计划生育政策的推进

社会的发展进步与人口数量及其总体素质密切相关。马尔萨斯认为人口总是呈几何级数增长，而生产资料却只呈算术级数增长。当经济发展达到维持人类生存水平的均衡状态时不进行人口控制，经济水平最高只维持在满足人类生存水平上。但是凯恩斯对人口增长乐观很多，他认为资本需求的增加主要归因于人口增长和生活水平的提高，人口的增长可以在某种程度上刺激人们的投资和消费需求，从而避免因有效需求不足引发经济危机。总体来说，判断人口增长的利弊在不同时期有不同的标准，人口过多或过少都不利于经济社会的发展，人口规模必须适度。

经过漫长的演化发展，中国传统生育价值观逐渐固定为“早、多、男”模式，“早生贵子、多子多福、母凭子贵”影响着人们的生育行为。新中国成立伊始，由于生产资料、生活资料匮乏，人口发展面临婴儿高死亡率、人口高死亡率、人口预期寿命缩短等问题。为此，1949—1953 年国家制定一系列鼓励生育的政策来稳定人口规模。毛泽东指出“中国人口众多是一件极大的好事”“再增加多少倍人口也完全有办法，这办法就是生产”。在政策鼓励下，促生了高出生率，1953 年我国第一次人口普查结果显示，全国人口已突破 6 亿人，人口自然增长率高达 23‰。

但人口的过快增长使自然、环境、资源和经济发展面临沉重压力，党和国家领导人在不同场合发表了要实行计划性生育的观点。毛泽东在最高国务会议第十一次（扩大）会议上强调：“我国人口增加很快，对于这个问题，似乎可以研究有计划地生育的办法。”1956 年年初，中共中央公布的《1956—1967 年全国农业发展纲要》明确提出：“提倡有计划地生育子女，使家庭避免过重的生活负担。”1956 年党的八大会议上，周恩来在《关于发展国民经济第二个五年计划建议的报告》中提出：“为了保护妇女和儿童，很好地教养后代，我们赞成在生育方面加以适当的节制。”此外，邵力子、马寅初等学者也以不同方式表达了为了经济发展，必须实行有效计划生育政策的看法。

在毛泽东“人口非控制不可”的思想指示下，国务院批示要求全国各地要通过更加深入地宣传教育，使晚婚晚育和计划生育成为城乡群众的自觉行为，同时设立了计划生育领导小组开展工作，牵动亿万家庭的计划生育政策在全国范围内铺展开来。中共中央于1973年明确中国人口政策要实行“晚、稀、少”方针，力求控制人口增长规模。经过几年的宣传与推动，计划生育政策取得了显著效果，1980年人口自然增长率由2.88%下降到1.19%，净增人口由2321万人减少到1163万人。

为了进一步控制人口规模，1980年在全国人大五届三次会议上，国务院所作的政府工作报告指出：“必须在人口问题上采取一个坚决的措施，就是除了在人口稀少的少数民族地区以外，要普遍提倡一对夫妇只生育一个孩子，以便把人口增长率尽快控制住，争取全国总人口在本世纪末不超过12亿。”随后，中共中央于1980年9月发表《关于控制我国人口增长问题致全体共产党员、共青团员的公开信》，标志着我国计划生育政策正式出台与全面实施。公开信明确指出控制人口数量增长和实施计划生育政策的重要性和必要性，并对实施独生子女政策可能带来的问题做了合理解释，以期得到群众的拥护与配合。但独生子女政策和中国传统生育观念发生激烈碰撞，政策在实施伊始就遭遇一定阻力，党群关系受到一定影响。1984年，党中央及时下发了《关于计划生育情况的汇报》，适当放宽农村居民生育第二胎的条件限制，以减轻计划生育工作的压力，缓和干群关系。经过多年推动，2001年12月29日《中华人民共和国计划生育法》出台，标志着政策性和行政性人口生育规定法律化。

实施计划生育政策有效控制了我国人口增长过快的趋势，但是随着人口生育率、死亡率的下降和人们预期寿命的提高，独生子女政策负效应开始显现，独生子女问题、出生性别比失调、家庭结构小型化带来诸多相应社会问题，而“空巢”“失独”老人养老问题也考验着本就薄弱的养老保障体系。

（三）我国家庭结构的变迁

传统家庭的主要功能包括本原功能（生育、教育、抚养、赡养）、经济功能（物质生产和消费）、衍生功能（管理、权力、信仰、文娱、情感）。家庭功能的有效发挥受家庭结构、政策规范、环境因素的影响和制约，家庭结构和功能的变化在很大程度上影响着社会的平稳和发展。

家庭结构指家庭的构成状况、家庭成员的组合方式和家庭内部的构造，包括家庭人口数、夫妇对数和代数等。关于家庭结构的分类，学界比较认同的是美国社会学家默多克参照家庭成员的层次关系、夫妻对数和血缘关系进行划分，主要包括核心家庭（由父母和未婚子女构成）、主干家庭（父母与一个已婚子女构成）、联合家庭（任何一代由两对以上夫妻构成，一般为父母和两个已婚子女构成）和其他家庭（如隔代家庭、留守家庭、“空巢”家庭、“失独”家庭等）。家庭结构的变迁与社会经济发展、人口政策变化、文化价值观的变迁密不可分。近年来，我国经济发展突飞猛进，工业化、城镇化进程明显加快，人口流动性越来越强，受这些因素影响，现阶段家庭结构呈现以下特点。

1. 家庭结构向核心化和小型化发展

“多子多福”和“多代共爨”的传统观念使我国以联合家庭和多代同堂的家庭结构为主，但随着时代发展，家庭规模逐渐小型化。但工业化进程中人们对私人空间的重视、高竞争压力下的少子化倾向、传统家庭代际关系的变迁都对家庭规模的变化产生深刻的影响。从人口学角度看，人口流动速度加快、预期寿命增加、不婚率和离婚率升高、晚婚晚育等因素导致家庭规模小型化。

在由传统社会向城市化、工业化、信息化社会转型过程中，异地就业、文化水平提高、经济快速独立很容易使年轻人放弃与父母共居的想法。虽然大多数年轻人认同当父母生活不能自理之时，应与其一同居住以方便照料，但同时很多人认为不能与父母同住侍奉和照料老人并不违背孝道。在条件不允许的情况下，把父母委托给养老院或日托中心照料也很正常，并不代表不孝。子女和父母是否共同居住，每个家庭成员都有独立自主的选择权。从某种意义上说，传统的共居文化规范失去了原有的强制力和约束力，成为个体实现自我需求的资源和策略。

随着共居文化的变化，联合家庭和多代同堂家庭数量锐减，普通家庭人口数减少，“小型化”家庭所占比例逐年上升（见表 4-3）。据相关统计，20 世纪 50 年代之前，我国家庭户平均人口为 5. 3 人左右，2012 年居民家庭户的平均人数缩减为 3. 02 人，2020 年进一步缩减为 2. 62 人，家庭规模微型化趋势明显。

表 4-3　1931—2012 年我国不同规模家庭户分布

年份	2 人及以下户（%）	3 人户（%）	4 人户（%）	5 人及以上户（%）
1931	10. 80	15. 40	19. 00	54. 80
1982	18. 50	16. 05	19. 54	46. 35
1990	17. 45	22. 51	25. 68	34. 14
2000	13. 12	33. 05	30. 50	23. 32
2005	35. 22	29. 83	19. 18	15. 76
2012	40. 50	27. 58	16. 79	9. 20

资料来源：（1）陈胜利，魏津生，林晓红．中国计划生育与家庭发展变化［M］. 北京：人民出版社，2002：162.

（2）《中国统计年鉴》2013 分地区按家庭户规模分的户数的统计。

低生育率使代际关系下位运行越来越明显，家长权威的丧失导致传统大家庭出现裂变，核心家庭开始替代联合家庭成为主流。从不同规模家庭户的分布看，由表 4-3 不难发现，自 20 世纪 90 年代以来，3 人户和 4 人户家庭组成的核心家庭始终占据主导。虽然近年来 2 人以下家庭户数量有了大规模增加，但其中大部分是核心家庭中子女结婚后的新组家庭。

2. 特殊类型家庭大量涌现

家庭结构小型化某种程度上带来了一定风险，“空巢”家庭、失独家庭、隔代家庭的涌现在很大程度上削弱甚至割裂了传统大家庭中老人与子女在赡养方面和感情与责任链，影响了家庭代际支持的稳固。所谓“空巢”家庭，是指夫妻双方无子女，或虽有子女但子女长大成人后另立门户或异地工作，老年父母独自居住。随着第一代独生子女父母进入老龄期，唯一子女病亡或意外死亡的失独老人的养老问题备受关注。如何让失独老人摆脱丧子之痛和“老无所依”的困境是亟待解决的社会问题。隔代家庭是工业化和城镇化的衍生物，由于年轻劳动力迁移流动，日常由祖辈和孙辈共同生活。户籍制度限制、大城市生活压力使农村劳动力举家迁移成本过高，致使其老年父母不得不留守家中并承担起养育孙子女的责任，留守隔代家庭因而大量产生。这些特殊家庭的出现消解了传统家庭结构，削弱了代际凝聚力，这些特殊家庭中的老年人很多都处于贫困状态。

二、代际支持失衡的微观因素

（一）孝道文化支配的传统家庭规范式微

中国孝道文化指中国文化与人们的孝意识、孝行为相互影响、相互融合的内容与方式，其包含着历史性过程，政治性归结和广泛的社会性衍伸。孝道文化源于人类自然形成的血缘关系，是血亲关系最直接、最朴素的表达方式，是人类生理属性和社会属性的有效统一。这种基于血缘关系的孝道观念一经产生便受到儒家的极力倡导。在儒家看来，孝道是做人的基本道德准则，其支配着中国的社会秩序，是支配社会细胞——家庭的基本制度，深刻影响家庭内部的代际关系。家国一体的宗法制度和社会结构为孝道文化的传承提供了强有力的支撑和政治基础。孝道观念的普及使敬老爱老成为人们的行为规范，在社会中形成强大的舆论力量。家庭养老作为一种社会制度自古受到国家保护，历朝历代出台了各种制度措施，对不赡养父母的子女刑罚极其严厉，轻则鞭笞，重则处死，这些举措保证了老年人能得到基本照顾。

新中国成立后，政治、经济、社会等外部环境的变化对孝道文化支配的家庭规范产生了巨大影响。伴随着教育事业的发展和科技的突飞猛进，年轻人获取知识的渠道增多，传统家庭中夫辈的绝对支配权和话语权开始转移，父辈的强权力关系被解构。年青一代经济上的独立和对自我价值、个体自由的追求使其逐渐抛弃孝道规范要求的对父母的绝对顺从。与此同时，“孝”的内容和标准发生重大变化，相对于以往共居条件下提供全方位的侍奉照料，子女更倾向于用财物回馈父母。虽然子女仍认同照顾老年父母是其不可推卸的责任，但长者履行自身责任，社会福利体系提供相应的医疗保障、生活照料服务也十分必要。另外，老年人的思想也在转变，认为单方面从子女方获取帮助是一种负担，接受子女的帮助越多内心的不适感和挣扎程度就越强。传统孝道支配的家庭规范已发生重大变化，由以文化为主过渡到以行为为主，由强制性、宗法性转变为非强迫性、非规范性，注重公民个体能力和自愿性。

同时，受一些不良风气影响，拜金主义、享乐主义、极端个人主义等消极思想在一些青年人心中弥漫，子女对父母态度冷漠、照料不周甚至虐待父母的情况也时有发生。这严重破坏了家庭和睦与社会稳定，污染了社会道德风尚。传统家庭规范如何适应新时代的发展要求，新型孝道文化如何在自我批判中扬弃成为亟待解决的问题。

（二）家庭代际间关系下位运行

传统家庭中父母拥有绝对威权，孝道文化规范中的尊长重礼让老年人在整个家族中处于核心地位。父母不仅拥有绝对的经济支配权还享有很高的道德权威。在经济方面，父母特别是父亲掌管家庭的土地、房屋、生活用品、生产工具、金钱等重要资产，对家庭资源的分配和消费拥有绝对支配权，子女对于父母的分配结果要绝对服从。由于亲代拥有社会权力并得到政治文化层面的支持，加上古代社会各领域变革缓慢，父母拥有的知识和经验富有指导性，因而大部分子女依附于父母，并对父母的支配地位欣然接受，这便顺应了儒家推崇的“顺亲”“无违”孝道规范。父母的权威不但体现在经济方面，更延伸到家庭生活的各方面，子女的学习、交往、婚姻等其都拥有绝对的话语权。子女的生活模式由父母决定和规划，作为回报和反馈，到父母年老之时，子女须悉心侍奉照料直到其终老，这体现了代际交换的平衡性。在中国传统社会中，家庭代际养老是老年人最主要的养老模式，因社会中缺乏大范围内异质服务群体使家庭成为养老供给的唯一选择。

近代以来，公民意识的确立和增强淡化了孝道文化规范的影响，老年父母逐渐失去了家庭经济资源支配权、政治支持以及道德权威。随着社会的转型，通信和网络技术更新周期不断缩短，知识传承的模式发生了翻天覆地的变化，对新事物接受的迟缓，导致老年人家庭地位的下降，传统家庭中父母拥有的绝对威权在现代化进程中受到严重冲击。相反，随着年青一代文化水平和技术能力不断提升，对新事物的快速接受能力使其对家庭的贡献逐渐加大，逐渐取得话语权和支配权。代际间对新事物接受能力的差别使“文化反哺”现象愈加多见。家庭资源分配权的丧失使老年父母失去了和子女“讨价还价”的资本，父母权力（尤其财产控制权力）的削弱导致家庭养老制度的式微。虽然父母在需要照料帮助之时，其仍然可以向子女求助，但是家庭资源流向父母的规模、程度由子女掌握。另外，子代数量的减少助推代际支持下位运行，“逆反哺”倾向严重，以往反馈模式下代际平衡被打破，并严重失衡，越来越朝着父母责任重、子女义务轻的方向发展。

（三）现代社会劳动人口迁移频繁

家庭人口结构的变化直接影响家庭养老代际支持的效果，合理的家庭结构是家庭养老代际支持的基础，而人口迁移规模和速度对家庭结构的变化有着重要作用，对家庭养老代际支持产生了深远影响。改革开放后，开始出现大规模的人口流动，农村劳动力向外转移，出现农民市民化，即农民从农村涌入城市，从中西部地区流向东南沿海、珠江三角洲和长江三角洲等地区。随着改革开放深入，人口流动的规模和速度呈逐年上升的趋势。1982 年，全国流动人口 657 万人，据第七次全国人口普查数据，2020 年全国流动人口达 3. 76 亿人，占全国人口的 26. 6%。流动迁移人口持续增长，以农民工为主体的流动人口成为产业工人的重要组成部分。

人口流动速度加快、代际人口的空间分离造成“空巢”家庭的比例直线上升，家庭代际支持功能显著削弱。由于流动人口大部分来自中西部农村地区，这些经济欠发达地区土地保障功能薄弱，年老体弱者很难从中获取足够的养老资源，加上社会养老保障和服务体系建设滞后、社会化养老水平偏低，许多老年人仍依靠子女支持维持生活，成年劳动力的大量外流直接影响了老年人的生活质量和健康状况。外出务工的劳动力大多数文化水平偏低、收入不高，对“空巢”老人的经济支持能力弱，情感慰藉少，“空巢”老人的孤独感和无力感加重，且转移性养老的可能性微乎其微。留守老人不仅要承担家庭生产重任，还要抚养留守的隔代孙子女，沉重的生活负担使其生活质量堪忧。

（四）子代缺失或养老供给能力微弱

1. 子代遭遇意外

自 20 世纪 70 年代我国实行计划生育政策以来，人口模式已完成从“高出生率、高死亡率、高增长率”到“低出生率、低死亡率、低增长率”的转变，家庭结构模式发生了显著变化，以“4-2-1”为主要表现形式的核心家庭成为主流。一个家庭仅拥有一个孩子，家庭生命周期中会面临更多社会风险，一旦子女遭遇意外将给整个家庭带来沉重打击。

部分文献称失独家庭为“无后家庭”，是指独生子女遭遇意外事故（自然灾害、车祸、意外伤害等）或疾病不幸亡故（广义上包含伤残），父母由于年龄或其他原因不能或不愿生育的家庭。有研究者把导致失独家庭的自然因素归结为两个方面：一是遭遇自然灾害等不可抗力因素，区域人口大量死亡，从而导致失独家庭的规模性出现，例如我国 2008 年汶川大地震造成 8000 多个失独家庭；二是总量人口成长过程中不可避免的一定个体死亡率，如子女意外或因病身故、自杀等。不管是何种因素引发，失独老人数量不容忽视。根据《2010 中国卫生统计年鉴》，我国每年新增 7. 6 万个失独家庭，全国失独家庭总数已超百万。2010 年全国累计失独家庭达 100. 3 万户，学者王广州预计到 2050 年独生子女死亡人数累计将超 1184 万人，每年独生子女死亡总量将由 2010 年的 9. 5 万人上升到 2050 年的 56 万人。

这些失独老人大多数出生于 21 世纪五六十年代，现已经步入老年期，失去唯一的孩子对其是致命打击。老年丧子打破其原有家庭生命周期的轨迹，由于大多数人丧失了再次生育的机会，无法进行补偿性生育，家庭生命周期只能一直保持在“空巢”状态。许多失独老人深陷丧子悲痛中无法自拔，急需心理慰藉服务，老人丧失子女支持后养老资产薄弱，面临“老无所养”“老无所依”的凄惨境遇。我国老龄人口的资产结构如图 4-5 所示。

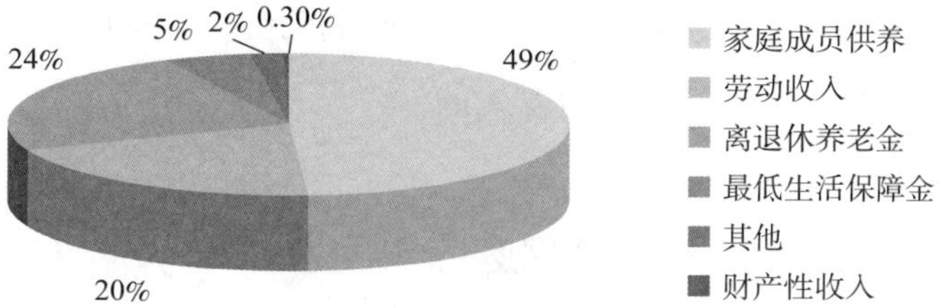

图 4-5　老龄人口的资产结构

资料来源：杨燕绥．中国老龄社会与养老保障发展报告 2013［M］．北京：清华大学出版社，2014：16.

2. 子代养老供给能力微弱

随着人口老龄化程度的加深，我国老年人口中高龄老人和失能老人的比率逐步增高。高龄或失能老人自理能力弱，要靠外界力量提供支持才能维持基本生活。但从目前情况来看，这部分老人从家庭之外获取的帮助十分有限，家庭成员仍是照料老人的主力群体。现阶段多数家庭结构呈现“4-2-1”甚至“4-2-2”模式，一对成年子女除抚养孩子外，还要承担赡养四位老人的责任，人力照料资源的短缺使其养老负担相当沉重。快节奏、竞争性的生活环境让大多数成年子女面临很大的工作和生活压力，维持自身生计已经相当吃力，老年父母一旦照料能力下降也很难从其那里获取有效的经济和照料资源。王树新对北京市家庭代际养老情况的调查结果表明，对于大多数中青年夫妇来说，供养老人的经济负担较重，精神压力较大，对照料父母往往力不从心。《中国青年报》曾经对 1980 年以后出生的年轻人进行调查，74. 1%的受访者称由于沉重的工作压力无法有效承担对父母的照料责任，68. 4%的人因独生子女的身份不得不承担起照料四位老人而感到忧虑。笔者通过对 25~40 岁成年子女的调查发现，62%的人表示自己赡养父母压力较大，其中对养老压力来源的多选项统计显示，67. 3%的人认为时间压力是其无法有效履行赡养义务的主要原因，48. 6%的人表示经济压力最为急迫，受访的独生子女有 66. 7%的人表示深受无人照料父母的困扰。若家中出现失能老人，子女必须在照顾父母和工作之间做出选择；若放弃工作就会失去生活来源，若坚持工作失能父母就无人照料。在两难境遇中子女承受着难以估量的压力，严重影响家庭成员间的关系和家庭生活的稳定，这种重压长时间无处排解很容易使人产生厌世情绪，2014 年 1 月，广东省东莞市发生的“孝子弑母”事件就是例证。

三、代际支持失衡引发家庭养老困境

代际支持主要通过家庭内部代际间的资源分配与共享（经济资源、信息资源等）、情感的沟通与交流，并以传统孝道伦理道德为支撑，发生在子代与亲代间双向的互动关系。代际支持除了物质性支持外，还包括照料性与精神性支持，这些支持主要通过代际共居的途径来实现。但在各种宏观与微观因素的共同作用下，代际支持失衡程度加深并引发家庭养老功能不断弱化。

为了研究代际共居的比例、代际共居意愿、代际支持失衡现状及其对传统家庭养老功能的影响，笔者于 2014 年选择老龄化程度较高的 K 市向成年子女随机发放问卷 500 份，回收 472 份，有效问卷 444 份。向 60 岁以上的老年群体发放问卷 400 份，回收 344 份，有效问卷 324 份；为考察农村代际支持状况，其中一半问卷面向 K 市 W 县农村地区进行发放。

（一）代际共居比率下降

根据全国老龄办 2010 年发布的《全国城乡老年人口状况追踪调查》，截至 2010 年，我国城乡“空巢”老年人已达老年人总数的 49.3%（其中独居 9.7%，仅夫妻同住 39.6%）。城镇“空巢”老年人的比例由 2006 年的 42.0%上升到 2010 年的 54.0%，农村的“空巢”老人比例由 37.9%上升到 45.6%，增幅明显。未来 10～20 年，随着现代化进程的加快和人们生活方式、生育观念的改变，“空巢”老人在老年人口中的比例预计将突破 70%。

根据笔者的问卷调查结果，受居住理念和工作地点的影响，受访者中有 69.4%的人未与父母同住，42.3%的受访者为独生子女，其中 70.2%与父母分开居住。究其原因，42.9%受访者表示另组家庭后对私人空间的重视使其不愿与父母共居，39.0%的受访者因为异地工作导致代际分离（如图 4-6所示）。另组家庭的成年子女一般和父母居住在同一或相近城市，大多数人与父母见面的时间间隔为一个星期到半个月。异地工作的成年子女与父母见面的时间间隔较长，大多在半年以上，离家较远的成年子女有的一年才能与父母见一次面。作为劳动力输出大省，代际分居在K市农村地区更为普遍，农村“空巢”“留守”老人较多。据笔者在W县L村的调查，该村“空巢”老人占村人口比例达65.9%，且大多为隔代家庭，非“空巢”老人很多是和儿媳或年纪较小尚未工作的孩子一起生活，青壮年男性劳动力大多外出务工。

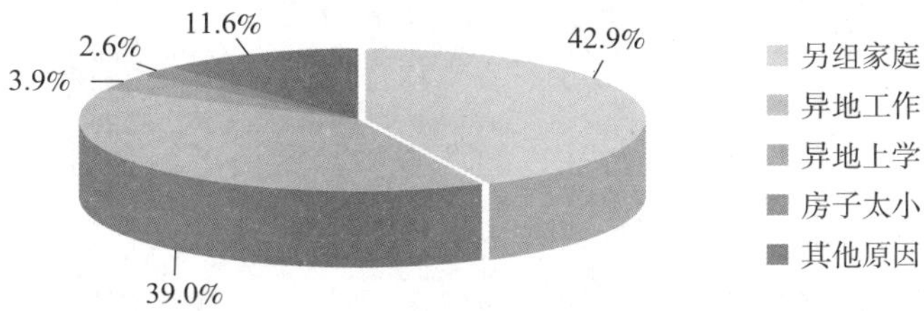

图4-6　代际分居的原因

资料来源：笔者整理。

访谈记录一：种地的收入太少，我们村绝大多数孩儿们（特指儿子）都出去打工了，有一些是两口子一块去的，个别留在村里的都是家里有需要照顾的老人。就年轻的媳妇们也都上县城工厂上班了，平时一般一个星期回来一次。

（二）家庭代际养老的经济支持功能减弱

根据笔者的调查，老年人的固定收入大多来源于基本养老金，73.8%的受访城镇老年人主要依靠养老金维持生活，有固定收入，很少主动向子女索求经济支持。在农村，由于近年来相应措施的出台，养老保险覆盖率显著提升，绝大多数60岁以上老人每月都能领取最低基础养老金。但是农村老年人最低基础养老金收入远远不能满足其正常生活消费，不得不依靠劳动收入和子女的经济支持维持生活。81.5%的农村受访老年人表示，考虑子女们面临较大的生活和工作压力，出于对子女的体恤，一般不会主动向子女索要生活费。绝大多数有自理能力的“留守”老人会选择继续劳动，且主动承担抚养孙子女的重任，子女给的生活费也大多花在孙子女的生活和教育上，只有16.3%的老年人依靠子女的经济支持生活，这些都是年龄在70岁以上或失去劳动能力，甚至自理能力的老人。

访谈记录二：趁着能动能干就多干点儿，孩儿们现在都不容易，在外面除吃喝花销，加上孙子们的学费生活费外那还能剩下多少钱啊。他们现在自己都顾不住呢，我们就别添麻烦了。

访谈记录三：两孩儿都出去打工了，孙子在家我看着呢。不看咋弄啊！孩儿都在工厂上班，可忙了，根本没有时间管孙子。

在对成年子女与父母经济往来的调查中，受访者表示对父母的资助金额和次数不是很多；相反，大多数子女成家立业之后还在接受父母的经济资助，且不少人接受父母资助的频率较高。由表 4-4 可以看出，大多数父母不仅承担着照看和抚养孙子女的责任，还省吃俭用以支援子女。从经济层面来看，代际支持呈现明显的“逆反哺”。

表 4-4　成年子女与父母之间的经济关系（描述项 N=444）

具体事项		频次/次	比例/%
孩子目前是谁在看管？	父母或配偶父母	256	57.7
	自己	104	23.4
	配偶	84	18.9
父母或配偶父母会经常给孩子购买物品或提供经济资助吗？	经常	232	52.3
	一般	100	22.5
	不经常	112	25.2
经常给父母提供经济资助吗？	有，但次数不多	168	37.8
	有，次数很多	52	11.7
	没有	224	50.5
经常接受父母的经济资助吗？	有，但次数不多	216	48.7
	有，次数很多	104	23.4
	没有	124	27.9

资料来源：笔者整理。

劳动力的大量外流导致众多老人留守农村，农村外出务工者大多学历较低、缺乏专业技术因而收入普遍偏低，一般仅能够维持基本生活，对留守父母的经济支持能力有限。此外，大部分外出务工者为了节约生活成本通常把子女留给父母抚养。隔代孙子女的日常开销使老年父母的生活压力加大，难有余力改善自身的养老条件。在城镇地区，随着退休金覆盖率逐年上升，成年子女给予父母的经济支持和农村地区相比反而更少。不仅如此，很多城镇退休老年人的养老金反而成为“啃老”子女的经济来源。

（三）家庭代际养老的生活照料功能弱化

老年父母的饮食起居、外出帮助、保健护理和休闲娱乐等生活照料需求与其健康状况、自理能力密切相关。多数老年人表示，除非生病或身体出现意外情况，否则不会麻烦子女及其亲属。但老年人在日常生活起居、健康保健等方面能否得到很好的照料直接关系老年人寿命的延长和生活满意度。

笔者通过对 K 市老年人的问卷调查发现，只有 41.7%的受访老年人认为身体状况良好或一般，58.3%的受访老年人表示受到来自心脑血管疾病、糖尿病、关节炎及腰部疾病、支气管炎等慢性疾病的侵扰。多数老年人虽然认为生活可以自理，但是慢性疾病给其生活带来很大不便。近年来由于代际共居的比例直线下降、子女工作时间长且生活压力大，当老年人患病卧床时，子女大多只能在经济上给予一定支持，照护的重担一般由老年人自身或其老伴承担。随着医疗费用和相关照护成本上涨，一些贫困家庭无力承担，许多老人患病或疾病发作时往往拖延到不能再拖时才选择就医。一旦父母卧床不起，子女就不得不在工作和照护老人之间做出抉择。笔者在调查中发现，许多子女对社区日间照料和居家养老服务有强烈的需求和期待，一些子女表示如果服务质量能够保证，居家养老服务不仅可减轻其照料负担，还能迎合多数老年人不愿离家养老的意愿（表 4-5）。

访谈记录四：孩子们生活压力太大了，好不容易找到工作，不好请假的，经常请假人家单位就辞退你了。工作没有了可咋办啊，孙子还那么小，儿媳妇在超市上班也挣不了多少钱，我们只要不躺下就不愿麻烦他们。

访谈记录五：我们不是不想照顾父母，若长时间照料父母只有辞职，我们家还有个 5 岁的孩子，我辞职了靠一人的工资连孩子都养不起，拿什么孝敬父母，支付老人的医疗费用。

表 4-5　子女生活照料意愿及实际照料情况（描述项 N=444）

具体事项		频次/次	比例/%
如果一方父亲/母亲突发疾病卧床或成为失能老人，您会怎么做?	让能自理的另一方父亲/母亲照料	208	46.8
	亲自照料（如有必要）	120	27.0
	如有日间照料中心，白天送照料中心，下班后自己照料	64	14.4
	请保姆或护工照顾	28	6.3
	送养老院或护理院照料	12	2.7
	让配偶或兄弟姐妹照料	8	1.8
如果一方父亲/母亲失能或去世，另一方父亲/母亲突发疾病卧床或成为失能老人，您会怎么做?	亲自照料（如有必要）	140	31.5
	如有日间照料中心，白天送照料中心，下班后自己照料	124	27.9
	请保姆或护工照顾	80	18.0
	送养老院或护理院照料	52	11.7
	由配偶照料	20	4.5
	其他兄弟姐妹照顾	28	6.3
过去一年中父母有无生病卧床的情况? 由谁照料其生活起居?	没有	232	
	有	描述项 N=212	
	由健康的父亲/母亲照料	128	60.4
	亲自照料	28	13.2
	配偶或兄弟姐妹照料	16	7.5
	父母的兄弟姐妹照料	8	3.8
	没有人照料，父母自己照顾	20	9.4
	保姆或护工照料	12	5.7

资料来源：笔者整理。

（四）家庭代际养老的精神慰藉频率下降

代际间的精神支持主要表现为子女对老年父母的情感支持和精神慰藉。可通过子女是否经常陪老人聊天解闷、进行休闲娱乐活动，老人有问题时子女能否成为最佳的倾诉对象，子女是否经常主动对父母嘘寒问暖等判断子女对老年父母精神性支持力度，进而评判家庭代际间关系的亲疏。不言而喻，子女与老年父母间的情感交流与互动的频率、强度和主动性对老年人的生活质量、满意度和幸福感的增强有重要影响。

在笔者的调查中，大部分父母表示当其不开心或生活遭遇困难时，倾向于向配偶和子女倾诉，并希望对方能在其情绪低落时多加陪伴助其渡过难关。随着老年父母年龄的增大，其社会交往范围逐渐缩小，社会联系不断减少，孤独感和无助心理让其更加期盼子女能够经常走动，陪伴左右。老年夫妻间在精神上尚能相互支持，一旦丧偶则会给老人特别是“空巢”老人带来巨大的精神创伤。近年来，随着社会保障水平的不断提升，大部分老年人的基本物质需要可得到满足，但往往由于代际分居或子女忙于工作其精神和心理慰藉需求未能得到足够重视。一些子女认为改善父母的生活条件就是孝顺，很少主动探望父母，忽略了其精神诉求，帮助老年人排解寂寞的重要性。从表 4-6 我们可以发现，大部分子女和父母的感情比较亲近，也愿意陪伴、聆听老人的烦恼。但是一些子女过于重视工作，“常回家看看”难以做到，不能主动陪父母聊天并关心其精神需求、心理健康状态，对父母的孝行还远远不够。对于失独家庭或丧子父母而言，失去孩子致其精神和心理支柱垮塌，孩子的离世让其生活失去了欢乐和色彩，一些老年人甚至会患上严重的抑郁症，生活处境十分悲凉，急需政府和社会介入，对其进行有效的心理疏导与精神慰藉。

表 4-6　子女对父母的精神性支持和情感慰藉（描述项 N=444）

具体事项		频次/次	比例/%
您与父母的感情亲近吗?	亲近	196	44.1
	比较亲近	176	39.7
	一般	60	13.5
	不亲近	12	2.7
平时与父母聊天频率高吗?	高	184	41.5
	一般	176	39.6
	不高	84	18.9
能经常主动关心父母生活，对其嘘寒问暖吗?	能做到	124	27.9
	偶尔，做得还不够	240	54.1
	做不到	80	18
父母有心事您愿意倾听吗?	一般愿意听	384	86.5
	有时候不愿意听	32	7.2
	没有时间听	28	6.3

资料来源：笔者整理。

第五章 代际支持失衡背景下，家庭养老向社会化居家养老模式转变的驱动要素

近年来，虽然传统家庭养老因代际支持失衡导致供给失效，但是没能改变老年人群体对居家养老的选择性偏爱，多数中国老人虽然向往获得多样化、专业化的养老服务，但更希望能在居家环境中得到高效、高质的服务供给，而结合社会化养老与家庭养老两者之利的社会化居家养老模式成为弥合家庭养老供给与需求的优化方案。家庭、政府、社会与市场为了满足老年人养老需求，不断进行服务内容与方式的调整，成为推动家庭养老向社会化居家养老模式转变的主要驱动力量。

一、家庭驱动：家庭养老服务自我变革的诉求

（一）家庭养老外部支持的诉求提升

1. 家庭养老的经济性支持诉求

经济性支持是指以政府为主的家庭外部力量对居家老年人及其家庭采取的经济补贴、税收优惠、费用减免、慈善捐助等经济激励、帮扶措施，包括为其创造公平、能促性的就业环境，增加老年人及家庭照料者主动性经济收入的政策。经济来源是养老服务的最基础保障，但目前家庭养老经济性支持政策仍然采取补缺模式，经济援助对象大多集中于“三无”和“五保”老人，或者对出现重大危机和困难的家庭给予有限的应急性给付。对积极进行自我养老的老人和履行养老责任的成年子女缺乏主动性支持和普遍性干预。这种政策取向客观上对鼓励家庭承担社会责任的产生负面影

响，即积极履行家庭赡养义务的人反而得不到政策的直接支持，有违社会福利供给的公平正义原则。

现阶段农村地区大部分老人在失去劳动能力之后，养老主要依靠子女援助。虽然城市基本养老金经过多年上调，待遇水平有了显著提高，但是也只能维持老年人基本生活开支，一旦老人遭遇意外或突发疾病失去自理能力，仍然需要代际的经济支持。在我国老龄化程度不断加深的背景下，高龄与失能老人迅猛增长，其高昂的照料护理费用成为家庭开支的重要组成部分，成为多数工薪家庭沉重的经济负担。笔者通过统计调查问卷发现，37.8%的人认为父母的养老金根本不够支付养老花费，36.1%的人认为不太够，仅有9.0%的人认为完全够（见表5-1）。对一些低收入、无子女、高龄、失能老人来说，经济收入少让其深陷养老困境。家庭养老主体对增加被动获取性经济支持与追求公平就业环境下主动性经济收入的诉求愈加强烈。

表5-1　成年子女对父母经济收入及预计支出评价（描述项N=444）

具体事项		频次/次	比例/%
父母的养老金足够养老吗？	根本不够	168	37.8
	不太够	160	36.1
	基本够	76	17.1
	完全够	40	9.0
父母的哪部分费用给您的负担最重？	医疗康复费用	316	71.2
	照料护理费用	80	18.0
	生活费	28	6.3
	其他费用	20	4.5

资料来源：笔者整理。

2. 家庭养老增加人手支持的诉求

我国大部分老年人特别是农村老年人养老仍采用传统家庭照料方式，这意味着老年人一旦患病或失能卧床，照料看护主要依靠家庭。当前“4-2-1”“4-2-2”式家庭结构已成为主流，家庭照料老年人的人手短缺，加上社会竞争加剧和女性就业率上升，家庭照料的可能性和持续性遭受挑战。家中有患病或失能老人的成年子女不得不在工作和养育子女之外，抽出时间照顾长期卧床的父母，承受着巨大的身体、心理和精神压力。面对专业性较强的照护需求及相关知识的匮乏让很多人感到心有余而力不足，如此长时间超负荷的状态必然会严重影响家庭代际关系。在家庭照料人手不足的现实背景下，子女对老年父母照料自然会影响子女的个人发展，如果长时间得不到休整，年轻人可能会放弃责任以追求个人利益。因此，在代际支持失衡的背景下提升政府、社会对家庭照料者的激励与支持是当务之急。

3. 家庭养老对降低距离与时间成本的诉求

影响代际养老照料的因素主要有经济成本、时间成本、距离成本等，代际共居可很好解决距离成本的问题，减轻时间成本的压力。住房是实施家庭养老的基础性场所，大部分老年父母希望能通过代际共居、就近居住或分而不离的方式获取家庭精神慰藉与生活照料。随着工业化进程的加快，劳动人口迁移比例的不断升高，成年子女与父母的交往互动频率明显降低，长期缺乏交流导致代际关系的疏离，“空巢”父母生活照料和精神抚慰供给严重缺失。低收入或困难家庭由于经济条件限制，面对高企的房价、变得愈发难以实现。因此，有代际共居期望的家庭希望政府完善住房支持政策，如在廉租房的配给方面可享受优惠；对携带老人外出工作的子女特别是经济困难家庭在住房安排上予以特殊照顾，进行租金减免或给予一定的现金补贴；对代际共居或就近居住的家庭在购买商品房时给予税收优惠；对困难的共居家庭除以上支持政策外还可发放水、电、煤气和网络费用补贴，降低家庭养老的距离成本。

另外，不论是照顾护理老年父母还是给予其精神慰藉，都需要子女有充足的时间，本次调查问卷涉及的67.3%受访者表示由于时间问题无法有效履行赡养义务。1981年，《国务院关于公布职工探亲待遇规定的通知》公布，《职工带薪年休假条例》《企业职工带薪年休假实施办法》分别于2007年和2008年通过，但是在实际运作过程中大部分企业为追求自身利益没有很好地贯彻落实。因此，家庭照料者期待完善休假与劳动者保护制度赋予其更多的时间可“常回家看看”，缩减家庭养老的时间成本，提升代际养老效能。

（二）传统家庭养老服务的扩充诉求

1. 养老服务的多样性诉求

传统家庭养老服务主要包括经济支持、情感慰藉和生活照料三大类，服务质量的高低取决于家庭经济条件、子女所受教育水平、工作特点、相关知识储备等，主要满足老年群体的基本养老需要。随着经济社会的发展与人们物质生活水平的提高，老年人养老服务需求已不仅局限于生存性需求，而逐渐向发展性需求与价值性需求过渡。老有所养是基本，老年人要保持健康长寿，就要老有所医以增加预期寿命，在此基础上，老年人还要老有所学以提升自身文化素质与修养，老有所乐以增强身心健康等发展性需要，并进一步对自我实现提出要求以实现老年人社会价值，即做到老有所为。这与需要理论所讲的物质、精神、医疗三方面相吻合，体现为经济需求、精神需求以及医疗保健与生活照料等服务的需要。随着社会不断进步，老年人养老需求多种多样。全面性、多样化养老服务仅靠家庭供给不可能完成，养老客体对服务项目多样化供给的诉求推动了传统家庭养老的变革。

笔者通过统计问卷调查发现，许多老人在经济条件允许的情况下，希望获取更多价格适中、质量上乘的居家养老服务。其中针对“您最希望建设的居家养老服务设施”这一问题，几乎所有老年人对医疗护理服务与保健健身场所表现出浓厚兴趣，体现了老年人基本生存需要实现后，对健康长寿的追求。针对“您最需要的居家养老服务项目”这一问题，老年人对家庭护理、医疗保健康复服务的关注呈现一边倒式的倾向。可以看出，随着生活质量的提高，老年人医疗保护、体育健身、增进健康的意识在不断增强。除了以上服务之外，法律援助、矛盾调解、心理咨询、紧急援助等服务也受到普遍关注（如图 5-1 所示）。

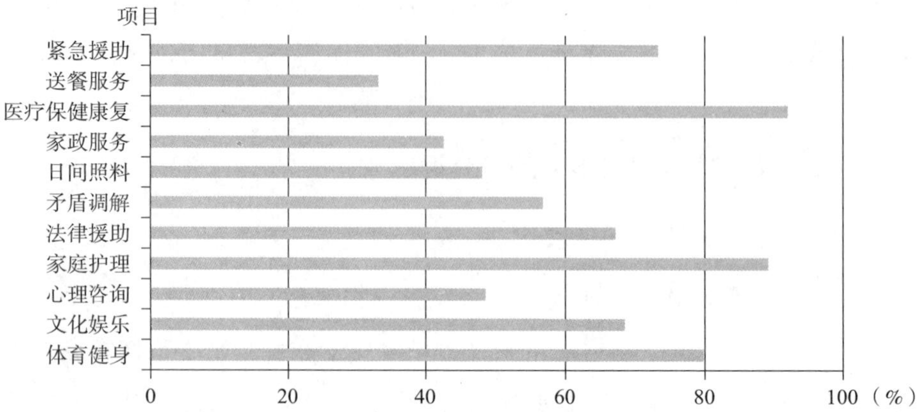

图 5-1　老年人最需要的居家养老服务

资料来源：笔者整理。

2. 养老服务的多层次性诉求

老年群体受教育水平、整体素质、专业技能、劳动能力、健康状况等自身条件以及家庭整体收入、子女代际支持程度的不同，其经济支出能力差异较大，其所需的养老服务与层次必然有所不同，统一标准、统一内容的服务供给形式无法满足老年人多样化多层次性养老服务需要。

具体而言，贫困老年人除了需求家庭代际支持外，对获取政府与社会救济性服务的期待很高。中低收入老年人虽然具有一定的经济支付能力，但其养老资源有限，对无偿或低偿服务十分关注。对于高收入老年人而言，政府与社会提供的免费或低偿服务已经远远不能满足其个性化的发展需要与价值实现需求，高水平、高层次、高质量的养老服务项目才是其追求的重点。

根据老年人需求层次的不同，养老服务产品可分为基本养老服务（福利性养老服务）、非营利养老服务和营利养老服务。其中，福利性养老服务是公益性质的养老事业，由政府免费提供属于纯公共产品范畴；非营利养老服务是指通过特定的组织团队或志愿者以低于市场价格供给，属于准公共产品。福利性养老服务与非营利养老服务作为公共产品面向全体老年人，是基本公共服务的重要组成部分。福利性养老服务应对贫困、鳏寡孤独等弱势老年人给予重点倾斜，非营利养老服务应照顾广大中低收入老年人的需求，体现政府维护社会公平正义的价值目标。营利养老服务是市场经济的产物，是面向支付能力较高的老年人，由社会资本通过企业化生产方式面向竞争性市场的养老服务产品，这种产品属于私人产品范畴。在代际支持失衡背景下，基于老年群体多样化的需要提供多层次性养老产品才是摆脱当前居家养老困境的有效路径。

3. 养老服务的专业性诉求

随着社会发展及保障水平的提高，老年人追求健康长寿、提升生活质量的意识不断增强，独立自主性越来越强，个性化需求越来越多。不少老年人在注重养生与医疗保健的同时，对发展性需求及自我价值实现的需求也很强烈。老年群体对养老服务供给的专业性、质量要求更加严格。笔者通过访谈发现，城市老年人的养老服务需求大小依次为健康需求、精神文化生活需求、日常生活料理需求和经济需求。但大部分成年子女不具备医疗保健、康复护理、心理咨询、社会融入等专业知识技能，越来越多老年人希望能够在居所或社区内享有由专业人员提供的针对性服务项目。

很多老年人受到一些慢性病的困扰，如心脑血管疾病、腰腿部病变、肿瘤等，直接影响老年人的生活自理能力，城乡老年群体中失能与半失能老年人数量不断增加。仅靠家庭无法满足失能半失望老年人对专业性医疗保健及康复护理的需求，家庭照料者在喘息服务、心理疏导、照护知识获取等方面也需要专业人员的指导与传授。因此，不管是被照料者还是家庭照料者都希望政府、市场和社会加大投入力度，加快扩大专业化、多元化、社会化的养老服务供给，构建医、康、养相结合的养老服务体系。

（三）老年群体居家养老偏爱对变革养老服务供给方式的诉求

1. 老年群体的居家养老意愿强烈

养老意愿指老年人对养老模式和养老行为所持的态度、看法和选择。分析养老服务意愿必须从老年人的主观选择动机出发，了解其对各养老模式、服务项目的现实需要。很多研究从“社会能够给予老年人什么”的角度，而非“老年人需要什么”的角度探讨问题，容易导致制度供给和现实需要之间的矛盾，不仅老年人急迫的养老需求得不到满足，而且会造成养老资源的大量浪费。只有深入分析和研究老年人的养老意愿，以需求为导向设计供给路径，才能真正构建满足老年人诉求、增进其生活质量的养老服务体系。

老年人养老模式的选择固然受到社会经济发展水平、家庭收入、代际关系的影响，但传统农耕文明的影响与儒家孝道文化的历史传承让众多老年人居家养老意愿十分强烈。大多数中国老年人尽管向往多样化、专业化的养老服务，但更希望能在居家环境中得到高效率、高质量的服务供给（如图 5-2 所示）。

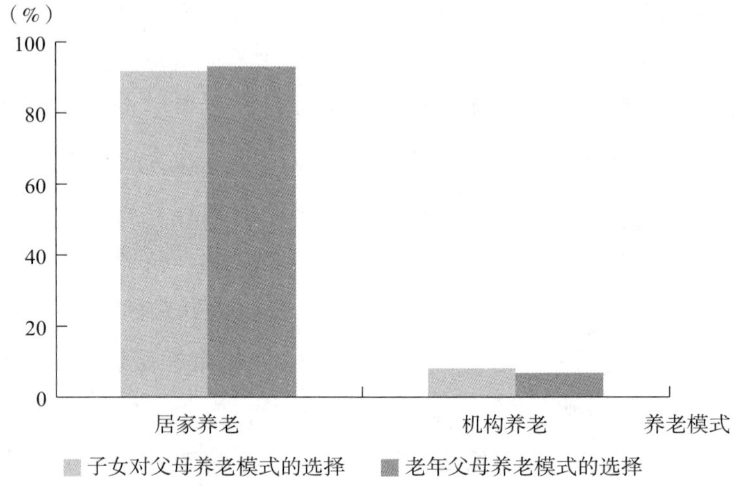

图 5-2　成年子女对父母和老年人自身的养老意愿选择

资料来源：笔者整理。

2. 居家老人对变革服务供给方式的需求

传统家庭养老主要通过共居以代际支持来实现，老年人可获得子女在经济、日常照料与精神慰藉方面的服务。工业化使得代际分居比例不断上升，家庭的养老服务功能不断弱化，养老服务供给功能逐渐由多元主体替代。居家老人可根据健康状况、经济收入、代际支持能力等选择不同的养老方式。根据供给主体不同，养老服务分为政府基本养老服务、社区服务、市场服务、社会组织服务及邻里志愿者服务。养老服务形式包括上门服务、日托服务、临时托老、短时疗养服务等。另外，在信息科技大发展的时代，获取居家养老服务信息的媒介与手段越来越多，如何借助信息技术高效便捷地实现供需信息的及时对接至关重要。因此，一些地方通过试点建立“24 小时热线”服务（为居家老年人或照护者提供专业在线咨询、指导或救援呼叫）、为居家老人安装“一键通”等智慧服务产品、建立网络虚拟养老院等以提升居家养老服务效率。

二、政府驱动：政府角色转变与政策制度激励

（一）政府福利供给职能的转变：能促型角色

政府应在福利供给过程中承担何种角色一直是学术界关注的焦点问题。福利多元主义理论认为政府不应作为福利供给的唯一主体，社会福利应由政府、市场、家庭、第三部门共同提供，政府只有通过分权促进其他主体和消费对象的决策与参与，才能保障社会福利与经济发展相适应并增强福利供给的可持续性。养老服务作为社会福利的一部分，服务供给亦应由多元主体协同承担，政府在供给中的分权行为其实是“提供”与“生产”责任不断分离的结果。在这里“提供”更多意味着资源（包括资金、土地）的投入，“生产”则表示养老服务的具体产出，养老服务工程与基础设施由政府兴建，而具体的经营与服务交由市场与社会完成。供给活动由不同的环节组成，在此过程中，政府的职责发生了改变，由过去对福利的大包大揽转为促导性利益供给模式。提出这一概念的美国政策学家吉尔伯特认为，在该模式中政府扮演一种能促性角色，供给职能不再涵盖直接的服务生产，由直接提供福利转向对递送福利的民间组织提供支持，强化个人及家庭的责任。政府福利支持的对象与方式变革不意味着其责任的推卸或收缩，而是通过资助以市场化方式运作的社会服务提供者，由包括营利组织、非营利组织、社区、家庭或个人来承担公共责任，委托其针对不同类型养老主体供给不同的专业化养老服务。政府更多地承担资源供给者、政策制定者、服务组织者、监管者和主体关系协调者的角色。能促性理念下政府福利供给方式的变革使西方福利国家社会发生了深刻转型，这种“公私合办福利”方式代表着一种新兴的社会理念，旨在为遍及全球的

社会改革指明方向。

受西方福利国家转型经验的启示，我国对社会福利供给体系进行了不断探索与创新，与此同时，政府在社会管理与公共服务供给中扮演的角色发生重要变化，提出要不断深化改革完成从全能型向有限型、从管理型向协作治理型转变。推进养老服务社会化，坚持以人为本，突出群众、社会的主体性特征，扩大群众、社会、市场参与力度，扶持与激励养老事业与养老产业的快速发展，实现政府能促性养老服务供给责任。

养老服务的微利性使其在缺乏政府财政和资源支持的情况下很难调动社会主体的积极性。能促型政府的首要责任就是对养老供给主体提供发展资源和政策支持。为了增强市场、社会、家庭的服务生产能力，政府可以加大财政补贴、优先划拨或供应土地、税收减免、放松管制、鼓励慈善救助、大力宣传新孝道文化、弘扬志愿精神，开展邻里互助等，促进养老服务提供者发展与完善。对老年群体来说，只有不断提高其养老金收入，扩充其社会参与和融入渠道，倡导其自立自强的积极性福利观，才能增强其自我养老能力。此外，政府以维护社会公平正义为主要目标，在弱势群体社会支持和社会保护网络中居于核心地位，解决弱势群体的生存权与发展权是政府的基本行政责任，这一点并没有改变，只不过服务供给的方式有所变化，从过去由政府直接供给转向向专业性服务组织购买服务来实现。服务对象可以根据自身需求选择相应的组织与项目，这种方式在节约行政成本的同时极大提高了服务供给的质量与水平。

（二）担负能促型角色的政府为社会化居家养老事业发展提供政策支持

随着人口老龄化进程加快，老年人养老需求不断增加，各地都在尝试发展和创新养老服务，拓宽养老服务的供给方式和途径。1993 年民政部联合其他十部委下发《关于加快发展社区服务业的意见》，要求为适应社会主义市场经济需要，推动社区服务业全面发展，建立健全社会化服务体系。2000 年国务院办公厅转发《关于加快实现社会福利社会化的意见》，提出要建立以社会福利机构为骨干、社区服务为依托、居家供养为基础的福利服务网络。2001 年民政部在全国范围内推广“社区老年社会福利服务星光计划”要求挖掘社会资源，建立完善社区老年人福利服务网络。2002年，我国明确今后老龄工作的方针是“党政主导、社会参与、全面关怀”，保障内容从基本生活保障逐步拓宽为基本医疗保健、照护服务、精神抚慰等。为了积极应对人口老龄化，减轻家庭养老压力，实现“老有所养”的目标，2006年国务院颁布《关于加快发展养老服务业的意见》，提出今后要逐步建立以居家养老为基础、社区服务为依托、机构养老为补充的养老服务体系。为了迎合老年人的养老需求，全国老龄委办公室、发展改革委、民政部等十部门于2008年1月29日联合发布《关于全面推进居家养老服务工作的意见》，明确要建立多种形式、覆盖广泛的居家养老服务网络，不断充实服务内容，丰富服务形式，提高老年人的生活质量。制定“民办公助”“公办民营”等政策，鼓励民间力量参与、兴办居家养老服务事业，积极培育居家养老服务机构，大力发展居家养老志愿组织，加强专业化和志愿者相结合的居家养老服务队伍建设，解决目前居家养老服务供给项目不足、水平不高、质量偏低等问题。2011年，国务院发布《社会养老服务体系建设规划（2011—2015）》要求开放社会养老服务市场，采取多种形式引导和支持社会力量兴办各类养老服务设施，并在2015年基本健全居家养老和社区养老服务网络。有了前期建设铺垫，2020年发布的《中共中央关于制定国民经济和社会发展第十四个五年规划和二〇三五年远景目标的建议》明确今后要“支持家庭承担养老功能，构建居家社区机构相协调、医养康养相结合的养老服务体系。完善社区居家养老服务网络，推动专业机构服务向社区延伸，整合利用存量资源发展社区嵌入式养老”。一系列指导性规划、意见的出台肯定了居家养老服务作为供需双方利益耦合的成果，将成为今后养老服务发展的主流模式。

为了鼓励、引导民间资本进入居家养老服务供给领域，缓解供需矛盾，国家出台了一系列激励政策促进社会、市场加大对居家养老服务的投入。2000年11月，财政部、国家税务总局发布《关于对老年服务机构有关税收政策问题的通知》，对社会力量兴办的老年人养老服务机构的税收优惠做出明确规定，为进一步加快实现老年福利社会化起到了积极的促进作用。民政部于2012年和2013年先后发布《民政部关于鼓励和引导民间资本进入养老服务领域的实施意见》和《养老机构设立许可办法》《民政部关于推进养老服务评估工作的指导意见》，对养老机构设立的条件、程序、管理、监督、评估、法律责任等进行规范和界定，降低了养老机构的申办门槛，为发展社会化居家养老提供了有力的政策条件，促进了养老服务组织的健康发展。2013 年国务院出台的《关于加快发展养老服务业的若干意见》规定，为增强市场融资能力要鼓励社会资金以独资、合资、合作、联营、参股等方式兴办养老服务业。《民办养老机构管理办法》对民办养老福利机构就税收、用地、水电煤气等给予的优惠和支持措施进行了规定和说明。具体包括：新建民办养老机构设施建设可纳入城乡建设和土地利用总体规划并予以优先审批，免征养老机构的基础设施配套费、教育附加费、残疾人保障金、人防工程建设费，免征企业所得税以及土地使用税。民办养老机构在水电煤气使用方面还可享受居民使用价格和一定的安装费用优惠。为了加快养老服务业发展、更好发挥税收政策鼓励民间资本投资养老服务业的引导性作用，财政部和国家税务总局于 2015 年 1 月下发《关于支持文化服务出口等营业税政策的通知》，对现行养老机构提供的养老服务免征营业税。

（三）能促型角色政府为发展社会化居家养老提供的制度保障

居家老人养老服务获取必须建立在一定经济给付能力之上，而绝大多数老年人的经济收入来源于退休养老金。因此，完善养老保险制度是保障居家养老服务对象需求得以满足的基础条件。2005 年 12 月，国务院发布《关于完善企业职工基本养老保险制度的决定》，标志我国正式确立社会统筹和个人账户相结合的基本养老保险制度。劳动和社会保障部（2008 年 3 月撤销）于 2004 年 1 月 6 日颁布《企业年金试行办法》推动养老金多渠道多层次发展。针对养老金的转移接续问题，国务院审议通过《城镇企业职工基本养老保险关系转移接续暂行办法》，规定从 2010 年 1 月 1 日开始，城镇企业职工基本养老保险的所有参保者基本养老保险关系可实现跨省转移，这对劳动力流动加快背景下保护养老保险缴费人的合法权益具有重要意义。除此之外，2011 年 7 月 1 日正式生效的《中华人民共和国社会保险法》从法律上对我国全民的基本养老、基本医疗、失业保险等社会保险制度做出了原则性规定，以更好地维护公民参加社会保险、享受社会保险待遇的合法权益。国家2005年来连续提高企业退休人员的养老金待遇水平，并于2011年4月由人力资源社会保障部制定了关于退休人员待遇的正常增长机制，为保障老年群体正常享有居家养老服务奠定了经济基础。

对于广大农村居民，国家于2006年探索建立与农村经济发展水平相适应的农村养老保险制度。2008年，党的十七届三中全会通过的《中共中央关于推进农村改革发展若干重大问题的决定》第一次提出建立“新农保”，确立了新农保要实行“广覆盖、保基本、多层次、可持续”的基本原则和“个人缴费、集体补助、政府补贴”筹资结构。2009年9月4日，国务院发布《关于开展新型农村社会养老保险试点的指导意见》，提出要在全国范围内建立统一的农村社会养老保险制度，开启了农村养老保障工作的崭新篇章。

除了经济保障之外，2013年正式实施的《中华人民共和国老年人权益保障法》明确规定，老年人养老以居家为基础，家庭成员应关心、理解、尊重、照料老年人，代际分居的成年子女应定时探望老年父母，“常回家看看”。各级地方政府和相关部门应采取措施、制定方案，发展城乡社区养老服务，鼓励、扶持专业服务机构及其他组织和个人，为居家老年人提供生活照料、紧急救援、医疗护理、精神慰藉、心理咨询等多种形式的服务。深入宣传社区邻里互助养老，提倡邻里间通过经常性与主动性的关心和帮助，为陷入困境的居家老人提供基本养老服务。鼓励慈善组织、志愿者团体为老年人提供专业服务，倡导老年人之间的互助性帮扶，缓解代际养老压力。加强服务保障要对多元主体进行有效监管，国家先后出台《民办非企业单位登记管理暂行条例》《社会福利机构管理暂行办法》《老年人社会福利机构基本规范》《老年人建筑设计规范》《养老护理员国家职业标准》等多项行政条例，对养老服务组织或机构的基础设施建设、服务人员配备、服务供给行为进行管理与规制。鼓励引导高等院校、职业学校和职业培训机构设置相关专业或培训项目，培养高素质、高水平的居家养老服务专业人才，提升养老服务组织专业性和服务质量。

为了保障陷入代际支持困境、缺乏养老来源的弱势老人能享有养老服务，2011 年发布的《国务院关于印发中国老龄事业发展“十二五”规划的通知》明确今后要加大老年社会救助力度，在完善城乡最低生活保障制度、城乡医疗救助制度、临时救助制度基础上，鼓励有条件的地方发放高龄老年人生活补贴和经济困难老年人养老服务补贴等。这种服务补贴方式是通过政府购买服务来实现，一般参照市场方式运作，政府通过招投标、协商等方式确定服务供给主体的资格后由政府提供资金，社会组织承包服务，通过合同契约方式实现特定公共服务目标。这种供给机制鼓励社会服务机构参与竞争，达到提升服务品质、提高社会服务组织效率的目的。服务方式既可以是上门的居家养老服务，也可以为社区日间或短时照料、护理服务，一些有特殊需求的居家老人还可以在专业集中的养老机构接受有针对性的疗养服务。

三、社会驱动：社会供给主体的生产能力显著提升

（一）社区居家养老服务基础设施建设初见成效

社会保障体系的建立替代了单位保障制下“单位办社会”的服务供给模式，培育出政府、市场和社会分化的三元结构新格局。权力与资源的重新分配剥离了原有单位、集体本不应承担的社会功能，包括养老服务在内的大量社会事务正逐步回归社会。一种新的结构型因素——社区逐渐承担起更多的社会服务功能且作用越来越大，居民慢慢由“单位人”向“社区人”转变。

居家养老服务供给过程中，社区扮演着多重角色，不仅是居家老人获取养老服务的场所，还承担着供需信息交换与协调的责任，这要求社区必须加快养老设施建设，完善服务管理系统，方便老年人以家庭为基础，以社区为依托，以制度为保障，获取包括日常生活照料、医疗保健、康复护理、体育健身、文化娱乐、心理咨询、精神慰藉等专业化服务。为此，近年来各级政府加大了社区基础服务设施建设力度，健全社区养老服务网络，以满足老年人就地安老诉求。

1. 社区日常生活与照料设施建设

为了应对老龄化危机，满足居家老人的生活照料需求，国家着重推动社区服务机构、社区服务中心建设，鼓励民间资本注资，以民办公助的形式建设社区居家养老服务设施。截至 2013 年，全国共建立社区服务机构 25.2 万个，社区服务中心 19904 个，社区服务站 108377 个。社区留宿和日间照料床位从 2012 年的 19.8 万张增加到 2013 年的 64.1 万张，年增长率为 223.7%。

为了丰富老年人的文化娱乐生活，很多基层社区在地方政府的支持下，积极兴办老年书社、书法协会、老人乐园等文娱场所，组织老年人结伴出行旅游，开阔眼界舒缓心情，开办老年大学引导老年人参加感兴趣的知识讲座、学习培训等活动，真正做到让老年人“老有所学、老有所乐”。截至 2012 年年底，全国建成老年活动中心 70 万个，老年活动室 32 万多个，老年学校 4 万多所，已建成基层老年协会 44 万个，覆盖 60%的现有社区。从表 5-2可以看出，经过几年的政策推进，社区居家养老的硬件服务设施建设有了长足进步，社区服务中心的覆盖率已达 36.9%，2013 年日间照料中心的床位规模比上一年有了迅猛提升，是 2012 年的 3.24 倍。

表 5-2　2008—2013 年全国社区服务机构发展情况

指标	2008 年	2009 年	2010 年	2011 年	2012 年	2013 年
社区服务机构（万个）	14.6	14.6	15.3	16.0	20.0	25.2
社区服务中心（个）	9873	10003	12720	14391	16306	19904
社区服务站（个）	30021	53170	44237	56156	87931	108377
便民、利民网点（万个）	74.9	69.3	53.9	45.3	39.7	35.9
覆盖率（%）	19.6	21.4	22.4	23.6	29.5	36.9
社区留宿和日间照料床位（万张）					19.8	64.1

资料来源：中华人民共和国民政部．2014 年中国民政统计年鉴［M］．北京：中国统计出版社，2014：72-73.

2. 社区医疗护理设施建设

人口老龄化快速发展带来的严重后果之一是患病率尤其是慢性病的发病率不断上升，随着年龄的增长，老年人罹患疾病与机体功能障碍的概率上升，高龄、患病、失能、残疾等的大幅度增加影响了国民整体健康状况，出现逆向发展趋势。按照中国老年人平均余寿19年计算，健康余寿一般不超过9年，也就是说其余的10年，老年人基本上处于患有疾病或者失能、半失能状态。老年人特别是高龄老人的不断增长和各种慢性疾病的发生，对医疗和护理康复体系构成了严峻挑战。

为了满足包括老年群体在内的社区居民的医疗保健需求，国家致力于在全国范围内加快基层医疗保健服务设施建设。2008—2012年，社区卫生服务机构数量增长了将近50%，截至2012年，全国已经建成社区卫生服务中心33562个。提供社区服务的卫生保健人员数量从2008年的218929人增加到2012年的454160人，增长了1倍多，其中注册全科医学专业人数为18502人，取得全科医生培训合格证的人数为29361人（见表5-3）。社区卫生服务机构建设规模的扩大、医疗专业人员数量的递增在很大程度上缓解了社区老年人看病难、就医不便的问题。经过近年来的强力推进，不管是医疗卫生设施的建设规模和质量还是医疗专业服务人员的数量和素质都有了很大进步，为居家老人进行社区居家医疗照护奠定坚实基础。

表5-3　2008—2012年中国社区卫生服务机构建设情况及人员数

指标	2008年	2009年	2010年	2011年	2012年
机构合计（个）	24260	27308	32739	32860	33562
社区卫生服务中心（个）	4036	5216	6903	7861	8182
社区卫生服务站（个）	20224	22092	25836	24999	25380
按床位分（个）					
无床	19233	20936	25285	25352	25805
1~9张	2637	3158	3211	2761	2769
10~49张	1840	2425	3210	3574	3820
50~99张	399	584	797	905	913
100张以上	151	205	236	268	255
床位数合计（张）	98036	131259	168814	187132	203210
服务人员数合计（人）	218929	295125	389516	432923	454160

资料来源：国家卫生健康委员会.2013中国卫生和计划生育统计年鉴［M］.北京：中国协和医科大学出版社，2013：25-61.

（二）多种政策工具激励下民间服务组织规模持续递增

总结各地特别是经济发达地区推动社会组织发展的实践经验发现，政府激励与扶持社会组织的政策工具多种多样，最重要的是以下九种：政社分离、政府职能转移、政府购买服务、公益招投标和公益创投、资金扶持、凭单制、社会组织孵化、税收优惠和人才建设。其中，政社分离与政府职能转移是政府社会管理角色转变的结果，政府通过委托或授权的方式向公民、市场和第三部门转移公共服务职能。促进政社分离，要放开对社会组织的严格管制，增强其自立性、自主性和自我管理水平，创造公平公正的社会组织发展环境。政府购买服务和凭单制度不像公益招投标、社会组织孵化、税收优惠和人才建设直接激励扶持，属于间接性政策工具。政府向民间组织购买专业化养老服务间接促进其健康发展，在社会组织政策扶持体系中居于核心，并成为今后政策发展的新趋势。凭单制度通过给予老年人消费补贴，以“用脚投票”的方式实现资助供需双方、承担政府责任的多重目标。凭单制度是一种根据需求驱动服务的创新性政策手段，近年来在北京、上海等地的实践表明，这种体现公共服务市场化取向的工具创造了公平、公正的竞争环境，有利于促进社会组织的健康发展。

伴随政府职能转变及各项激励政策的出台，社会组织的数量和规模不断大。从2004—2013年，全国社会组织总数从28.8万个递增至54.8万个，其中民办非企业单位从13.5万个增长至25.5万个。相比2011年，2012年社会组织增长3.7万个，年增长率达8.1%，与2012年相比，2013年社会组织的数量增加了4.9万个，年增长率进一步上升为9.8%（如图5-3所示）。社会组织增长速度大幅度加快充分说明改革探索初见成效，“起步难”“入门难”问题的破解，极大地释放了社会组织的发展空间，激励了市场与社会投入公共服务领域的兴趣与信心。使多元主体参与居家养老服务供给成为可能。

（三）邻里志愿者互助养老悄然兴起

居家养老非正式性社会支持指包括亲属、同事、邻居等在内的社会成员自发或通过一定的制度安排对陷入养老困境的老年人提供物质、精神、

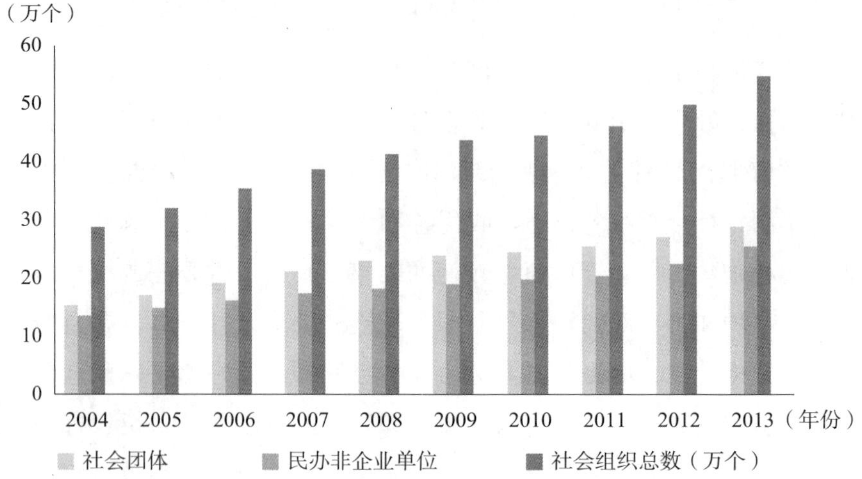

图 5-3　2004—2013 年社会组织数量变化

资料来源：中华人民共和国民政部．2014 中国民政统计年鉴［M］．北京：中国统计出版社，2014.

照料帮扶的一种支持方式，其中邻里互助是非正式性支持的主要方式。中共中央在《关于制定国民经济和社会发展第七个五年计划的建议》中提出："在逐步建立新的社会保障制度的同时，要继续发扬我国家庭、亲友和邻里间互助互济的优良传统。"《中华人民共和国老年人权益保障法》第三十八条第二款和第三款规定："发扬邻里互助的传统，提倡邻里间关心、帮助有困难的老年人。鼓励慈善组织、志愿者为老年人服务。倡导老年人互助服务。"邻里互助养老支持指居住在同一社区或村落的居民本着自愿参加、互济互助的原则，对遭遇各种风险陷入养老困境的老年人给予物质支援、照料护理、精神心理宽慰等援助性帮助。在城市化日益加快的今天，家庭规模小型化造成家庭照料人手严重短缺，邻里互助俨然成为家庭养老的重要外部支持力量。近年来，互助养老在各地悄然兴起，引起学术界和老年工作者的广泛关注。

邻里互助相较于其他正式和非正式性支持有以下优势：①适应需求。居住在同一社区或村落的居民由于鳞次栉比、接触频繁，有的甚至朝夕相处、同作同息，对彼此的生活背景、家庭状况、经济收入、习惯爱好和困难需求等十分熟悉，对老年人的帮助具有较强的针对性和适宜性，可取得较好效果；②及时有效。成年子女由于工作、家庭等原因很难保证长时间照看和陪伴父母。一旦老年人遭遇意外事故或突发疾病，邻居能够在第一时间伸出援手并及时挽救老人生命健康，这种雪中送炭的支持体现了“远亲不如近邻”的功效；③经常持久。由于居住相邻和相近，邻里之间互助可以是经常性和持久性的，特别是对于失能老人家庭来说，效果更为明显。邻里互动具有距离近、感情深、易沟通等优点，不但可缓解长期照料者的身体和心理压力，而且由熟悉的朋友和睦邻照料、宽慰更能让老人感到精神满足和心情愉悦。

笔者调研的 R 市凤凰湖社区由社区组织牵头，通过和当地赤山物业服务公司合作，结合“邻里守望”活动对社区志愿者进行激励和培养，开展邻里互助和敬老助老服务。该社区常住居民 3000 人中有 76 名志愿者，他们大多由 50 ~65 岁的低龄老人组成。志愿者对社区中的孤寡、病残、高龄老人开展一对一或多对一的居家养老服务，不仅提供精神慰藉、生活照料服务，还提供上门保健等服务。日间照料中心的服务工作全部由志愿者承担，为老年人提供免费的照料服务。每年社区和物业公司联合评选出志愿服务突出的“志愿之星”和“服务之星”，为其颁发象征性的物质奖励，提高志愿者的心理满足感和荣誉感，激发志愿者的志愿热情。另外，据社区负责人介绍，为了追求志愿者服务的长效化效应，社区正尝试吸纳不同年龄阶段的居民参加，整合社区养老资源，实现互济互助的服务目标。

四、市场驱动：居家养老服务产业发展迅速

（一）市场顾客导向推动居家养老服务产业化发展

居家养老服务产业又称居家老龄产业，是面向全体居家老年人设计、生产、供应产品和服务的相关产业部门组成的业态总称，涉及老年生活照料、老年金融、老龄产品用品、医疗健康服务、文化体育健身、老年旅游等服务项目，是一个规模巨大、功能齐全的综合性产业。在西方，养老服

务产业又被称为“银色产业”“健康产业”“朝阳产业”，具有巨大的市场潜力与经济价值，欧洲的养老服务产值占其 GDP 的 20.1%～36.8%。近年来，随着我国人口老龄化程度的不断加深，代际支持失衡造成家庭养老功能弱化，老年群体对社会和市场的养老需求持续增强。“有效需求=消费观念+支付能力+市场供给”，老年人消费理念的变化和社会保障制度性收入的提升刺激着有效需求的增长。多层次、多种类的服务需求直接驱动养老服务产业的规模日渐扩大，居家养老服务产业集群逐渐形成，养老服务供给产业链不断延伸，专业人才队伍不断扩充，居家养老服务产品越来越丰富。

1. 顾客导向的居家养老服务产业链日益完整

随着老年人对生活品质的要求越来越高，可以预期一个庞大老龄消费市场即将形成，可为投资者带来巨大的投资空间，老龄产业将成为拓宽消费渠道、拉动内需的一股新生力量。养老服务产业的发展基于买方市场，更加关注消费者的偏好和选择，居家养老服务产业必须基于不同老年群体的消费观念、消费习惯、消费能力以及消费方式等有针对性地设计开发具有实际效用的服务产品，并以老年人容易接受的方式提供或销售服务，即顾客导向。近年来，老年人口总数快速增长，老年人经济收入不断提升，老年人的消费能力、消费观念以及消费结构逐渐改变，消费需求呈现多样化、多层次性、个性化、扩大化趋势，需要市场逐渐完善包括居家养老用品、老年金融、居家服务、医疗护理等产品在内的供给。分工的精细化与交易活动的复杂化要求提供产品和服务的产业部门之间在分工的基础上进行产业合作，基于技术关联性和老年人需求的时空布局关系，形成围绕居家养老群体的完整产业链条。不管是联通型产业链的扩充还是拓展型产业链的延伸都促使养老资源不断由上游产业向下游产业转移，并最终传递到老年人群体。从某种意义上看，开发养老服务产业就是要培育产业链条和区域产业合作载体。

2. 顾客导向的居家养老服务产业集群化成为必然趋势

现代社会，老年群体养老需求呈现范围广、层次多、质量高等特点，顾客导向的养老服务产业蓬勃发展，“十二五”期间我国城镇养老服务业产出占同期 GDP 的比例从 2011 年的 6.8%上升至 2015 年的 9.11%，产值递增趋势明显，养老服务业已成为一个新的经济增长点（如图 5-4 所示）。2013 年，国务院出台《关于加快养老服务业发展的若干意见》提出要通过不断完善市场机制促进养老服务业持续健康发展，涌现一批带动力强的龙头企业和大批富有创新活力的中小企业，形成一批产业链长、覆盖领域广、经济社会效益显著的产业集群。这里所说的产业集群是指集中于一定区域内不同分工、不同规模从事养老服务的企业、组织等行为主体和相关机构，以主导产业为主通过纵横交错的网络关系实现空间上的集聚。居家养老服务产业集群是一种新的空间经济组织形式，是发展老龄产业的核心。产业集群形成后，可通过多种途径降低成本、激励创新、完善管理、提高效率、加速竞争，提升整个区域内居家养老服务产业整体竞争力；以专业养老服务集团为龙头，培育与延伸居家养老服务的供给产业链，以满足顾客需求为目标，提高居家养老服务产品的市场供给质量与水平（如图 5-5 所示）。

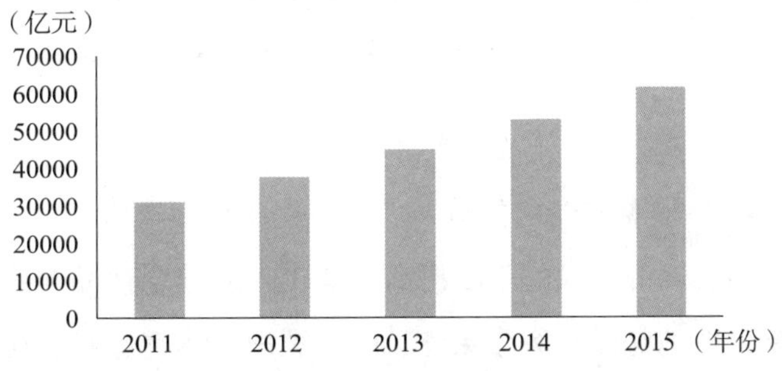

■ 我国城镇养老服务业产出（亿元）	2011年	2012年	2013年	2014年	2015年
	30966.71	37603.47	44883.37	52806.39	61372.53

图 5-4　2011—2015 我国城镇养老服务业产出

资料来源：王松岭，范中原，李奎．“十二五”期间城镇养老服务业对 GDP 贡献预测研究［J］．商业时代，2013（4）．

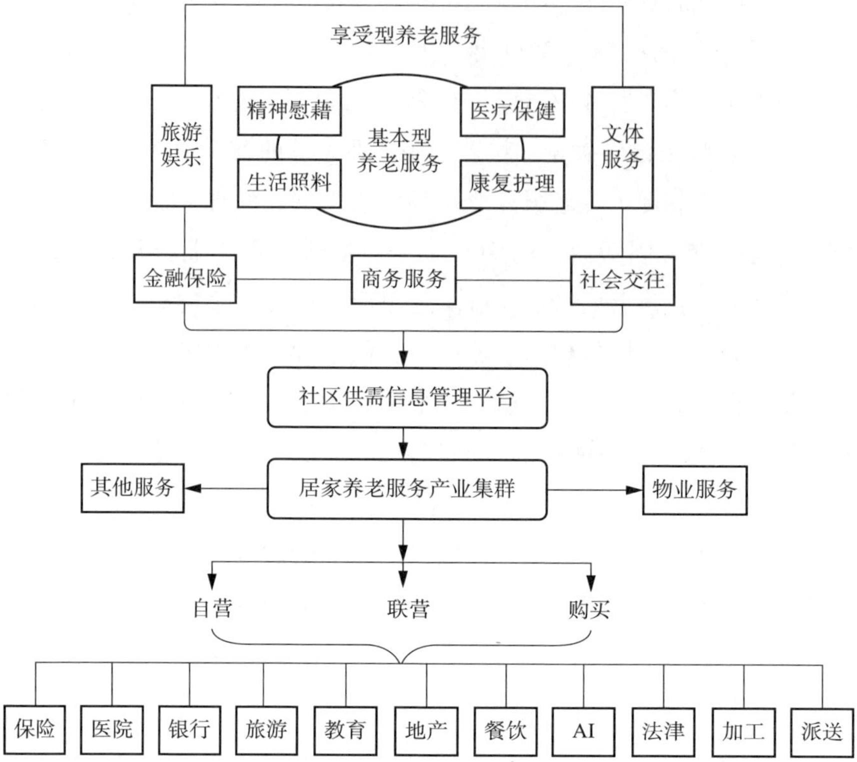

图 5-5　居家养老服务需求及产业链

资料来源：笔者整理。

3. 以顾客为导向的居家养老服务专业化发展

随着经济收入的不断提高，老年人对养老产品与服务品质的要求越来越高，特别对提升医疗保健、康复护理、体育健身、居家养老用品、金融理财等项目的专业化水平诉求不断增强，顾客需求推动居家养老服务向分工明确的专业化方向发展。专业化的居家养老服务无论是生产、管理还是销售、实施，软件资源更为重要，软件资源即专业化人才队伍的建设。为了打造符合中国消费者需要的居家养老服务产业，必须大力提高人才的培养质量，提升人才培养层次，加强相关职业培育、培训、鉴定与考核，重点加强目前市场急需的老年金融理财师、家政师、保健师、康复师、护理师、家庭医生、心理咨询师等专业人员的培养。为了提高人才的从业意愿和综合素质，各地出台了多种激励政策，如浙江省采取“入职奖励办法”，健全专业人才引入与奖励机制。山东实行奖补结合的方式引导大中专院校扩大养老服务专业的招生计划；加强养老护理员或养老机构人员的专业性培训；鼓励相关专业毕业生从事养老服务工作并给予经济补助；开展“齐鲁敬老使者”评选活动提高养老服务从业者的社会地位。江苏省每年划拨专项财政资金用于实施养老护理员的免费培训，全面推行持证上岗制度，各级民政部门和相关教育机构与服务机构联合培养养老服务人才，推动相关院校把养老服务专业作为重点建设学科，加大相关服务技术人才的培养力度。

（二）市场同业竞争推动居家养老服务产品性价比提升

超产权理论认为，产品市场竞争是改善公司治理水平、提高企业效益的根本条件，是一种重要的外部治理机制。养老服务企业要想在市场中立于不败之地就必须提升自身竞争力，也就是对市场的应变能力和调整能力，而竞争的范围包括产量、价格、质量和创新四个领域。这就要求企业能够拓展自身优势，降低产品固定成本，提高服务或产品质量，利用高性价比吸引服务对象并赢取消费者认同。

1. 居家养老服务产品向多样化、广覆盖方向发展

企业根据顾客需求不断进行产品创新以提升组织在消费者群体中的认同度。及时获取老年群体信息并根据其特定要求针对性地开发符合老年人需求的养老服务产品，成为企业产品研发的当务之急。如果企业缺乏产品扩展和技术创新能力，必然难以获得消费者关注与长期价格优势，最终会丧失市场的发展空间。养老服务业只有不断研发、创新和良性竞争，养老服务业才能实现多层次、多样化、广覆盖式发展，并最大限度地涵盖老年人的需求。从目前来看，居家养老服务市场已存在多种类型养老产品，包括居家辅助生活器具、助行器材、保健用品、康复器材、护理用品、文化用品等。以服务形态存在的产品包括生活照料服务、经济理财服务、健康保健服务、医疗卫生服务、康复护理服务、文化娱乐服务、法律维权服务、旅游社交服务、临终关怀服务、长期照护服务等。除了传统的上门式

服务之外，社区日间照料和功能特定的短时集中式服务方式正在不断完善。虽然一些服务项目尚未实现在全国范围内普及，很多服务项目的质量和水平仍存在很大的上升空间，但是在不断健全的同业市场竞争机制驱动下，居家养老服务产品终将从单一、低层次、小范围向多样性、多层次、广覆盖方向转化。

2. 居家养老服务产品质量不断提高

提高产品服务质量是市场机制下企业的竞争战略之一，能够帮助企业树立良好的品牌形象，不断提高服务品质是企业超越竞争对手的制胜法宝。21 世纪的产品竞争，实质是质量竞争。因此，关注质量尤其是适应消费者需求的适用性正逐步成为居家养老服务企业制定经营战略、获取竞争优势的重要举措。实施高质量产品竞争战略就要基于顾客导向，塑造产品的高质量与高品质。质量竞争即对顾客的竞争，谁能赢得顾客，谁就能取得竞争的胜利。根据费根堡姆提出的全面质量管理（TQM）理论，组织要以质量为中心，通过全体成员的广泛参与，让消费者满意并使组织受益。因此，居家养老服务企业一方面应通过外部营销，提高消费者满意度；另一方面通过内部营销，成为顾客的保护人和代言人，积极提高产品质量。具体而言，居家养老产品的供给企业，可以通过识别顾客需求→传递需求信息→制定发展战略→实施质量管理→回应顾客回馈→达到顾客满意这一工作流程，实施居家养老服务产品的全面质量管理。企业应始终把改进和提高产品质量作为目标，迎合顾客需要，如此才能长久拥有优于同业竞争者的竞争优势。

3. 居家养老服务产品价格逐渐合理化

对于老年群体而言，除了要求居家养老服务产品的高质量之外，最关注的就是产品价格。因此，要使顾客满意，就必须向消费者让渡比竞争对手更大的价值。消费者在购买商品时，总希望把时间、货币、精力等相关给付成本降到最低，同时又期待从产品中获取更多收益，并最终选择其认为相同质量条件下价格最低、“让渡价值”最大的产品或服务。因此，居家养老服务企业要尽量利用低成本竞争战略，扩大生产规模、更新机器设备、提高劳动效率、控制管理费用以降低单位产品的固定成本，提高市场竞争力。企业采取各种手段和措施把成本控制在最低限度之内，使成本最小化或接近极限值之后，该产品的价格趋于稳定且更加合理。在竞争性市场环境中，价格合理的服务产品更能为广大居家老人所接受，同时保障了老年人的应有权益。

（三）预防“失灵”促进居家养老服务市场规则不断规范

古典经济学认为，市场是一双看不见的手，产品、服务的生产和销售通过自由市场的供求关系和价格机制所引导。市场机制可以很好地解决私人物品的供给问题并通过这种途径促进整个社会福利的提升，社会经济资源能够在市场这只看不见的手的指引下达到最优配置。但是必须认识到完全竞争市场只有在严格假设条件下存在，要保证所有生产者与消费者都按照竞争机制行事是一件不可能完成的任务。市场不是万能的，会出现“失灵”现象，市场失灵与市场作用的有限性有直接的联系。市场失灵会导致公共物品供给无力、信息不对称、垄断、外部效应、社会分配不公、宏观经济领域失衡等问题，市场失灵直接影响养老服务产品的供给效率。因此，市场失灵为政府干预经济活动提供了必要性，是其介入社会经济活动的基本理由和原动力，矫正市场失灵是政府的主要经济职能。不仅政府部门和立法部门，养老服务行业协会也要发挥应有作用，只有建立健全市场规则体系，稳定养老服务市场秩序，保障居家养老服务产业良性发展，才能有效预防市场失灵。

市场规则是在市场经济活动中用以约束市场主体行为的一系列规范和准则的总和，是规范市场良性运行的标准，具有客观性、强制性、系统性和公平性。市场规则建立在法制基础上，反映市场运行的内在要求，约束对象为进入市场的全部主体，既包括私人部门也包括政府部门。市场规则的形成有助于降低交易成本，提高市场效能，有利于经济的持续稳定增长。从内容上看，市场规则有：①市场进入与退出规则，指市场主体和对象（商品）进入与退出市场的资格规范，实施该规则的目的是防止“劣币驱逐良币”，包括企业法人登记、经营登记，企业破产、兼并、收购、撤销规定等；商品的质量标准、包装、计量等规定。②市场合同交易规则，指市场主体根据合同进行交易的行为准则。为了促使交易顺利进行，市场主体必须订立和执行合同，明确合同规则。合同应对交易的订约、效力、履行、变更、终止、责任、利益分配等进行规定。③市场竞争规则。市场资源配置效率依赖于充分有序的竞争机制，失序或恶意垄断竞争会带来混乱。当缺乏规则时，竞争者为了获取最大收益势必会为所欲为，甚至不惜采用欺诈、暴力等手段，从而产生不正当竞争、野蛮竞争。要解决竞争的规范问题，必须制定规则让市场主体对自己的竞争行为负责。

建立良好的市场秩序，培育合理的产业组织结构是产业健康发展的重要条件。中国居家养老服务产业仍处于起步阶段，存在各种不利于产业的发展壮大及竞争力提升的不规范的市场行为。为此，相关部门采取多种措施健全养老服务产业的市场规则，规范市场秩序。具体有：①为优化养老服务产业组织，国务院出台《关于加快发展养老服务业的若干意见》《社会养老服务体系建设规划（2011—2015）》，鼓励各地结合自身优势特点，科学规划居家养老服务产业发展，并在土地、机构准入、运行环境、市政配套设施等方面给予政策扶持。②为了保证服务供给质量，政府制定多项强制性行业标准，规范养老服务行业建设与准入标准，包括《老年人社会福利机构基本规范》《老年人养护院建设标准》《居家养老服务规范》《社区老年人日间照料中心建设标准》《养老机构安全管理》《老年人能力评估》《养老护理员国家职业标准》等。此外，国家 2009 年发布《老年人、残疾人康复服务信息规范》《养老机构基本规范》，推动养老服务产业标准化进程，完善养老服务市场交易规则。③为了规范市场秩序，防止产业发展中的不正当竞争和垄断，营造公平公正的市场竞争环境，国家出台了《中华人民共和国反不正当竞争法》《中华人民共和国商标法》《中华人民共和国公司法》《中华人民共和国产品质量法》，防止过度或无序竞争，这些普适性法律规范同样适用于居家养老服务产业。另外，针对公办养老机构或服务组织挤占民办服务机构养老资源和发展空间的问题，国家在多项发展规划和意见中强调要营造平等参与、公平公正的市场环境，并采取公建民营、民办公助、政府购买服务、补助贴息等多种模式引导社会资本兴办各种养老服务设施。

除了正式规则之外，以伦理道德、意识形态等形式存在的非正式规则也是规范市场主体行为的重要措施。以维护市场主体信誉为主的道德约束和正式规则相互作用、互为补充。特别是居家养老服务市场，由于服务对象处以弱势地位，从事养老服务产业的从业者更应该秉持诚信经营的理念进行自我约束，缺乏信任、诚信与荣誉感的市场必然混乱无序，不可能建立真正的市场经济。

第六章 代际支持失衡背景下，社会化居家养老模式试点效果考察与反思

对于居家养老研究而言，主观性判断和架构设计并不是完整的研究范式，必须结合实证调查，在此基础上对其进行进一步观察、总结、研究、发展。但要从全国范围来研究居家养老实践及存在的问题，仍缺乏现实基础和技术条件。因此，本章选取采用不同模式的三个典型城市作为研究对象，分析居家养老模式的运行结构和成效，提炼各自优势特点及不足，以便为后续的供给路径优化提供参考依据。

一、上海模式：政府主导下购买居家养老服务体系

（一）政府主导下购买居家养老服务体系的现状描述

上海市作为我国社会、经济、文化发展较为迅速的城市之一，老龄化程度比较严重。早在1979年，上海市已经进入老龄化社会。根据相关统计数据，截至2013年，上海市60岁以上老龄人口为387.62万人，占总人口的27.1%，其中65岁以上老年人口为256.63万人，占总人口的17.9%，80岁以上高龄人口为71.55万人，占60岁及以上老年人口的18.5%，占总人口的5.0%，65岁以上老年人数量以每年10万人速度递增；与此同时，人口预期寿命不断增长已达82.47岁，社会高龄化现象显著。

上海市由于人口老龄化程度不断加深并逐渐向深度老龄化发展，大量“空巢”、失能、失独、高龄、低收入老人的养老问题成为亟待解决的社会难题。为了应对挑战，上海市政府从20世纪80年代起大力探索创新居家养老服务的供给路径，积极建设社区基础养老服务设施，开展为老、助

老、敬老活动。2001 年，上海市印发《关于全面开展居家养老服务的意见》，成为全国第一个推进居家养老服务模式的城市。意见不但明确居家养老服务的发展目标、任务、领导机构、经费来源，还对服务机构与服务形式进行了说明，指出要结合再就业工程，大规模招聘“4050”人员并进行护理员上岗培训，组建居家养老服务队伍，充分利用社区信息为老年人提供服务。此后，上海市政府出台《关于加快实现本市社会福利社会化意见的通知》，要求建立居家养老服务网络，并至 2005 年每一个街道都设立一个以上居家养老日托和上门护理服务机构，在政府财政支持下向居家老人、残疾人提供上门、日托等多形式、多内容的服务项目。为了保障居家老人日间照料服务的质量和水平，2002 年上海市民政局印发《上海市老年人日间服务机构管理办法》，对本市日间照料中心的设施、设备建设标准进行规范。2006 年，上海市制定《关于进一步促进本市养老服务事业发展的意见》，调整 2003 年开始发放的居家养老服务补贴标准，进一步拓展居家养老服务覆盖面，并对 60 周岁以上低保、低收入且生活需要照料的本市老人，给予人均 200 元的养老服务券，服务券的多少因老人照料等级的不同而不同，照料等级达到中度或重度的还可获取专项护理补贴。2008 年，上海市进一步提高养老服务补贴标准和受益面，完善社区居家养老指导中心和养老服务组织建设。

在此基础上，2009 年上海市民政局发布《关于进一步规范本市社区居家养老服务工作的通知》，就政府购买居家养老服务的对象、内容、程序、补贴标准、资金来源及工作要求进行了详细规定，服务标准和质量有了显著提升。截至 2012 年，全市 17 个区、县共建设社区助老服务社 233 家，老年人助餐点 576 家，从事社区居家养老服务的人员达到 3 万多人，为 29. 3 万名居家老人提供社区居家养老服务。截至 2011 年年底，全市拥有社区老年人日间照料中心 326 家，已为 1. 1 万老年人提供了日间照料服务。

（二）政府主导下购买居家养老服务的运行体系

1. 政府购买居家养老服务的对象与给付条件

上海市居家养老服务对象为全市范围内具有上海市户籍的 60 岁及以上

有生活照料需要的居家老人。根据付费方式的不同，这些老人又被分为服务补贴对象和自费服务对象两种类型。申请自费服务的老人可以直接到社区助老服务社购买其所需的养老服务，而申请养老消费券或服务补贴的老人必须由养老服务评估员根据规定判定生活照料等级并对其获取服务券的资格进行评估。评估类型包括首次评估、持续评估和复检评估。60 岁以上、低保或低收入护理照料等级为轻度、中度或重度的本市户籍老人有资格申请服务补贴。80 岁及以上独居或纯老家庭的本市老人，若本人月养老金低于全市城镇企业员工月平均养老金，经评估需要获取生活照料的，可按养老服务补贴和养老服务专项补贴标准的 50%给予补贴。已享有居家养老服务补贴的老人须接受定期与不定期复评，判断其补贴获取资格是否持续。

2. 政府购买居家养老服务的补贴标准与服务项目

上海市政府发放的居家养老服务补贴由养老服务补贴与专项护理补贴两部分组成，以“服务券”形式发放。养老服务补贴的给付标准为每人每月 300 元；专项护理补贴的发放标准根据居家老人的照料等级分别为“中度”照料等级每月 100 元，“重度”每人每月 200 元。具有上海市户籍 80 岁及以上独居或纯老家庭老人，若本人月养老金低于全市城镇企业员工月平均养老金的，根据属地原则按照此标准发放 50%的居家养老服务补贴。其中“轻度”照料等级老人每人每月 150 元，“中度”照料等级的老人每人每月 200 元（150 元养老服务补贴和 50 元专项护理补贴），“重度”照料等级的老人每人每月 250 元（150 元养老服务补贴和 100 元专项护理补贴），如表 6-1 所示。居家养老服务内容由老人所属辖区社区助老服务社整合相关信息，综合老人自身状况，制订不同的服务计划并安排相应服务人员进行上门式或日托型养老服务。服务项目包括“助餐”“助浴”“助洁”“助行”“助急”“助医”等六大类 20 小类服务内容。此外，由于“空巢”、独居老人数量持续递增，服务需求急迫，上海市政府专门为这部分老人安装了“安康通”老年呼叫系统，以提升服务获取的便捷性。一些区县还针对性招聘了独居老人巡视报告员、独居老人专管员等以及时了解老人日常需求，为其提供及时有效的养老服务。

表 6-1 上海市政府购买居家养老服务给付标准与服务内容

<table>
<tr><th rowspan="2">居家老人照料等级划分</th><th rowspan="2">服务量（小时/每月）</th><th colspan="2">居家老人服务券发放标准（元/月）</th><th rowspan="2">居家老人服务单价（元/小时）</th><th rowspan="2">居家老人服务获取形式</th><th rowspan="2">居家老人获取的服务内容</th></tr>
<tr><th>60 岁以上低保、低收入老人</th><th>80 岁以上符合规定的“空巢”、独居老人</th></tr>
<tr><td>轻度</td><td>30</td><td>300</td><td>150</td><td>15</td><td rowspan="3">上门、社区日托、指定的养老机构</td><td rowspan="3">助餐、助浴、助洁、助行、助急、助医</td></tr>
<tr><td>中度</td><td>40</td><td>400</td><td>200</td><td>17</td></tr>
<tr><td>重度</td><td>50</td><td>500</td><td>250</td><td>20</td></tr>
</table>

资料来源：上海市民政局（http：//www. shmzj. gov. cn/）。

3. 政府购买居家养老服务的组织管理与资金来源

上海市政府购买居家养老服务的组织管理工作由市民政局全面主导，负责全市居家养老服务政策制度制定与改进工作。各区、县在辖区内成立居家养老服务中心，接受市居家养老服务中心的统一管理，并负责本地区居家养老服务政策的制定、调控与落实，对街道、社区居家养老服务中心的具体工作进行指导。街道和社区居家养老服务中心的工作相对比较具体，包括居家老人养老服务的日常管理、需求评估、服务确定、统计结算等。居家养老服务的具体生产与递送职能由各辖区内社区助老服务社承担，社区助老服务社根据居家老人具体需求制订详细的服务计划，安排相应的服务人员提供有针对性的养老服务内容。居家养老服务中心及社区助老服务社的日常运作、人员、管理经费，根据“事权与财权相一致”的原则，由各级政府公共财政予以保障。社区助老服务社服务人员大多是通过“万人就业”项目招聘而来的外来务工、下岗再就业人员，他们的上岗培训与补贴费用由上海市促进就业专项资金一并承担。

发放居家养老服务券所需资金主要来源于市区公共财政与福利彩票公益金，市、区县福利彩票公益金每年各出资 1000 万元，其余的补贴资金由市、区县财政按照 1∶1 的比例出资落实。专项护理补贴的发放资金完全来源于公共财政，由市、区县按照 1∶1 的比例配比列支，各区、县可根据自身财力和辖区内居家老人的具体状况自行扩大服务补贴范围与项目，扩大部分所产生的费用由各区、县财政予以全力保障。

（三）政府主导下购买居家养老服务的成效与问题

1. 政府主导下购买居家养老服务的成效

一是契约化的购买服务制度提高了养老服务供给质量与效率。政府购买居家养老服务是政府通过合同契约关系实现居家养老服务供给目标的一种模式，即政府通过直接拨款或公开招标，将居家养老服务的生产供给任务交由具有资质的社会服务机构完成，打破原有“公共服务应由政府统包统揽”的旧方式，为了合理利用资源、节约成本、构建高水平的公共服务体系提供了有效驱动力。从购买服务方式的实际运行效果来看，其改变了政府在公共物品和公共服务供给方面的低效甚至无效率，在节省大量行政资源的同时提升了服务供给质量和公众满意度。

二是承接服务弱势老人的兜底责任体现了公平正义。上海市政府购买服务主要面向无经济来源、低收入、高龄“空巢”、独居且自理能力较差的老人。这些老年人遭遇家庭、社会、市场服务的连续性挤压，甚至基本生活都难以为继，其养老需求更具紧迫性，向弱势老人提供重点倾斜式服务及时化解其燃眉之急，维护了社会公平正义。

三是需求评估制度使养老资源得到公平合理利用。随着老龄化进程不断加快，家庭代际支持失衡程度加深，老年人养老需求开始向家庭外部转移。但资源是有限的、紧缺的，如何确保居家养老服务资源得到合理、高效使用成为摆在政策设计者面前的难题。上海市通过实施养老服务需求评估制度，委托专业性评估员对申请居家养老服务券的老人及其家庭状况进行综合性评估，根据老人的生活自理能力界定其生活照料等级，养老服务券和护理券的发放标准以照料等级为参考，首次评估、持续评估和复检评估三项综合性测评结果为后续的服务供给提供了客观、公正依据。

2. 政府主导下购买居家养老服务体系存在的问题

一是政府购买居家养老服务覆盖面小。从上海市的实践来看，政府在居家养老服务供给中仍然起着关键性作用，服务对象主要集中于本市户籍的低收入和困难老人，服务项目不全面。上海模式在满足弱势老人基本养老服务需要方面虽取得一定成效，但从长远来看，该模式的养老服务范围和受益面有待扩展。

二是服务承接者由政府部门延伸而出，服务规范性面临挑战。上海市政府购买服务的承接者——社区助老服务社并非独立成长起来的社会组织，而是在政府倡导和推动下成立的，服务社的运行、管理、资金、人员配备等方面受政府影响较大，由这种带有行政性质的社会组织提供养老服务时，在服务质量、费用核算、资金透明度等方面面临挑战。

三是筹资渠道单一，过分依赖政府财政，不具备普适性。上海市购买居家养老服务的经费筹集渠道过于单一，主要来自市、区县政府投资、福彩资金及社区经费。随着上海市人口老龄化程度不断加深，居家老人的养老服务需求呈爆发式增长，增加政府投资力度的呼声愈加高涨，这种对地方政府财政过度依赖的模式难以在全国范围推广。

二、苏州模式：政府与商业企业合作构建“虚拟养老院”

（一）“虚拟养老院”基本状况

早在1982年，苏州市就进入了老龄化社会。为了解决人口老龄化、代际支持失衡带来的养老难题，苏州市姑苏区（原沧浪区）在全国率先探索居家养老服务的实现路径。本着“让居家老人舒心、替忙碌子女尽孝”的宗旨，于2007年在葑门街道正式建立“邻里情”虚拟养老院。这种“没有围墙的养老院”有别于传统集中式养老院，是一种依托于信息技术、物业管理、家政服务、医疗机构等面对全体居家老人的新型养老模式，有效解决了居家养老面临的服务信息不畅、社会资源利用率不高、人力照料资源供给不足、服务绩效反馈机制不健全等问题，2009年被民政部评为“民政科研创新成果三等奖”，为全国社会化居家养老服务模式的构建提供了新的思路和范本。“虚拟养老院”以社区服务中心为依托，以鼎盛物业管理有限公司为主运营商，利用中国电信公司研发的“居家乐221服务系统”，整合辖区内养老服务组织，为社区老人提供包括家政、日常照料、医疗保健等多样化、标准化、常态化、信息化的“24小时”上门服务。

鼎盛物业管理公司与社区服务中心协同合作，吸收社区内60周岁及以上居家老人为“虚拟养老院”会员，把老年会员的自理能力、经济收入、家庭基本状况、特殊服务需求等信息录入“居家乐”服务系统。政府部门会为每位入会的居家老人免费安装一部虚拟养老服务电话，老年人根据电话键所标注的服务项目直接拨打电话即可。另外，对居家生活的“五保”、低收入、残疾、“空巢”或孤寡老人，苏州市政府定期发放一定数额的服务补贴，可以到“虚拟养老院”自由兑换服务，体现了苏州市政府对弱势老人的责任担当。

截至2014年年底，苏州市居家乐养老服务中心暨“邻里情”虚拟养老院的服务对象发展至9983户老人家庭，共计14858位老人，2014年全年完成各类居家养老服务工单总量达26.63万人次，其中上门生活照料服务19.79万次，粮油配送等商务服务3.71万次，配送午餐2.32万份，精神关怀服务3.1万次。“虚拟养老院”运行七年来共累计完成各类服务高达91.93万人次，受到居家老人的一致好评。

（二）“虚拟养老院”的运行体系

1.“虚拟养老院”的主体构成及职能定位

从“虚拟养老院”的运行来看，其运作机制可以概括为政府推动、市场化运作、信息化管理、专业化服务，服务主体多元化，包括政府、市场和社会三方。政府在“虚拟养老院”的构建与发展过程中，承担宏观规划、制定制度、调配资源、监管评估以及实现弱势群体兜底服务责任。为给“虚拟养老院”健康发展创造良好的制度环境，苏州市沧浪区政府制定了《关于在全区推广“邻里情”虚拟养老院的实施方案》和《沧浪区社会养老服务组织资金补贴实施办法》，对“虚拟养老院”的创建提供信息技术支持、场地供给、资金扶持、税收优惠等。另外，苏州市沧浪区政府还设立专项养老基金，用于全区养老帮扶对象的生活照料。当然，社会化、多元化的养老服务供给离不开市场化运作机制，苏州市沧浪区政府在对备选企业进行全面考察、评估并系统论证，把“虚拟养老院”的承办经营权交由当地十佳物业公司——鼎盛物业管理公司。该公司以居家乐养老服务中心为管理平台，设置综合服务管理部、家政服务部、医疗保健部、职业培训部、物业维修部、法律维权部、项目开发部等部门，为居家老人提供快捷高效、多样性的养老服务。为了提高服务质量与专业水平，该公司吸纳了辖区内27家具有一定实力和良好信誉的养老服务企业，组建了一个分工明确、专业化程度高的紧密型居家养老服务供给系统，使辖区内越来越多的居家老人享受到了灵活多样的养老服务项目，提升了老年人的服务满意度。

2. “虚拟养老院”的服务对象及服务内容

“虚拟养老院”的服务对象包括所辖区域内所有60岁以上老年人。根据老年人的经济收入、自理能力的不同，将服务对象分为A、B、C三种类型，政府部门根据不同对象与护理级别为其提供不同的服务补贴，居家老人可分别获取无偿、低偿和有偿的养老服务。其中，A类老年人一般为政府援助对象，包括日常生活需要介助或介护的城乡“五保”老人、低保和低保边缘孤寡老人、市级以上劳动模范、重点优抚对象、归国华侨、“三无”困难老人、无子女或子女残疾的75周岁及以上老人、独生子女家庭中的困难老人。B类老人为政府的补贴对象，包括84周岁及以上的老年人、70周岁及以上的计划生育特别扶助对象等。C类老人为普通居家老人，服务的获取途径一般通过自费来实现。具体如表6-2所示。

“虚拟养老院”由鼎盛物业公司负责管理，并吸纳辖区内的家政服务企业、医疗保健护理公司、餐饮公司、家电维修公司以及专业性个体小商户，通过统一规划管理和专业分工为老人提供“24小时”全天候服务。“虚拟养老院”现阶段所提供的居家养老服务项目主要包括生活照料类、医疗保健类、物业维修类、人文关怀类、娱乐学习类、应急救助类等六大类53项个性化、自选性服务，基本涵盖了居家老人的日常生活需求。

表 6–2 “虚拟养老院”的服务对象设置

分类		服务获取条件	补贴标准
A 类老人	A1 类	60 周岁及以上生活需要全护理的“三无”、低保、低保边缘孤寡老人、市级以上劳动模范、重点优抚对象、归国华侨、当地无子女照料或子女残疾的 75 周岁及以上老人	450 元/月・户
	A2 类	60 周岁及以上生活需要半护理的“三无”、低保、低保边缘孤寡老人、市级以上劳动模范、重点优抚对象、归国华侨、当地无子女照料或子女残疾的 75 周岁及以上老人	350 元/月・户
	A3 类	90 周岁及以上“空巢”老人	250 元/月・户
B 类老人	B1 类	年龄在 75~90 周岁，符合以下条件的“空巢”老人：孤寡老人、一老养一老、烈属、伤残军人、市级以上劳模、归国华侨	60 元/月・户
	B2 类	年龄在 80~89 周岁的“空巢”老人	30 元/月・户
C 类老人		除 A、B 类之外 60 周岁以上普通老年人	自费

资料来源：沧浪区居家乐养老服务中心资料。

3. “虚拟养老院”的运行与服务流程

居家老人从“虚拟养老院”获取服务的前提是要注册成为“虚拟养老院”会员，根据规定提供本人及家庭成员的相关信息，以便“虚拟养老院”根据老人的不同状况提供针对性的养老服务，并通过“居家乐 221 服务系统”完成。该平台主要由呼叫中心客户端、老人居家客户端、平台服务组件平台、通信及信息传输四部分组成，形成工单生成、工单流转、监控考评、收费查询、统计分析、服务预测六大功能模块。服务的生成以老年会员拨打电话为起点，信息服务平台的管理人员根据系统自动生成的服务项目向拨打电话的老人核实相关服务内容并确定服务时间。服务工单得到进一步确认之后，工作人员把具体的服务时间、对象、项目向专业服务人员分配，服务员根据工单内容和要求为居家老人提供上门服务。为了保障服务质量，每个服务人员的服务进程和状态由信息平台全程跟踪与监控，待服务完成后就服务效果对服务对象进行回访和意见咨询，以获取消费者质量评价信息。信息平台系统通过居家老人服务需求的主动获取、按照需求制订服务计划、提供及时有效服务、全程跟踪监控和规范管理保障服务供给质量。

（三）“虚拟养老院”的成效与问题

1. “虚拟养老院”的运行成效分析

一是政府和商业组织合作提高了服务供给效率。“虚拟养老院”的构建打破了政府原有的公共服务提供与生产职能合一的状态。政府和商业组织合作为直接生产服务的主体提供资金、场地、制度支持，提高了服务供给效能。营利组织以高质量、高效率见长，具有灵活性、创新性与敏锐性，能够满足专业性强、兼具个性化的养老需求。政府与商业组织明确分工、协同合作，将政府发现公共偏好、获取资源的优势与市场组织灵活高效的优势有效结合在一起，不仅克服了非公共部门在资源配置上的无效，还弥补了政府在微观管理和激励机制上的不足。

二是先进信息技术的运用促进了养老服务的及时有效获取。“虚拟养老院”依托先进的信息化软件管理系统，有效整合社会资源，通过规模运作，节省了大量运营成本，可满足老年人的多样化、个性化养老需求。信息化服务系统通过主动获取养老需求，快速制订服务计划，及时组织有效服务，即时在线监管，保障了服务质量。居家老人通过便携式电话传递服务需求，大大缩短了供需双方的信息沟通周期，提高了服务供给效率。通过电话、网络，老年人之间及老年人与“虚拟养老院”之间的交流更加方便畅通，对于有精神关怀与心理咨询需要的老年人来说，这种方式提高了其精神生活质量与幸福指数。尤其是当老人出现突发或紧急状况，更凸显电话通信媒介的重要性。

三是以顾客满意度为评价指标保障了服务质量。为了提升绩效管理效率，保证居家养老服务质量，“邻里情”虚拟养老院制定了《服务员服务标准》《站长绩效考核方案》《服务员绩效方案》《居家乐各岗位员工薪资计划以及管理考核意见》等制度。绩效评估的考核对象不仅包括服务人员、话务员，还包括站长、站长助理及各部门的主管干部；绩效考核的指标体系包括岗位考核（工作量）、质量考评和用户满意度等。服务人员提供服务要接受信息平台的全程监管并电话录音，服务完成之后工作人员还会对接受服务的居家老人进行回访或了解走访，了解服务对象对服务人员进行质量评价和满意度，并记入绩效考核指标系统。综合考核评价较高的员工，养老院增加绩效工资以示表彰。以顾客满意度为考评指标，保障了居家养老服务质量。

2. “虚拟养老院”运行中存在的问题

一是服务项目和内容较单一。从目前“邻里情”虚拟养老院提供的居家养老服务项目来看，种类虽然很多，但仍集中在家政服务、日常生活照料和问候式服务。其中，家政服务占服务项目种类的46.3%，问候式服务占服务项目种类48.4%，而居家老人急需的医疗保健、康复护理、心理咨询、法律援助等项目供给能力仍比较薄弱。随着老年人群患病率特别是慢性病发病率的不断上升，居家老人对健康保健和康复护理的需求激增，陪同就医或代拿药品等助医服务供给远远不能满足需求。另外，老年人的精神慰藉和心理咨询需由专业心理辅导人员提供服务，浅层次的聊天服务已不能适应发展需要。“虚拟养老院”急需拓展服务项目，丰富服务内容，提升服务层次。

二是养老服务从业人员专业化程度不高。居家养老服务品质的好坏很大程度上取决于服务人员的敬业精神和专业水平。虽然苏州市政府要求各区、县积极吸纳社工、康复、护理等专业人员从事管理、评估和护理工作，强化岗前培训，坚持持证上岗，努力提高服务人员的业务技能与专业水平。但从实践来看，社区助老服务工作人员以“4050”、下岗职工以及外来务工人员为主，年龄偏大、教育水平偏低、综合素质较差，普遍缺少专业知识与技能，只能提供简单的日常家务、生活照料服务，而需求最急迫、专业要求较高的医疗保健、康复护理、心理咨询等服务往往心有余而力不足。

三是“虚拟养老院”建设中社会参与力度有限，市场化运作机制尚未建立。目前，“虚拟养老院”的消费主体仍集中于政府购买服务的目标人群，截至2013年，接受“虚拟养老院”服务的居家老人共12330人。其中，政府购买服务的受益对象为8724人，占总人数的70.8%，而自费对象仅占总人数的29.2%。“虚拟养老院”的运作资金主要来源于政府公共财政投入，仅有10%左右的资金依靠自费服务收入。目标定位过窄、服务项目单一使“虚拟养老院”很难获得高收入老年群体的关注，“虚拟养老院”自我造血功能缺失，市场化运营能力薄弱。究其原因，在于激励扶持制度和风险规避措施不完善，让许多企业和机构不愿涉足。长此以往，外部竞争激励缺失；服务改进动力丧失，这与“虚拟养老院”的建设初衷相背离。

三、宁波模式：政府与NGO合作下的居家养老服务供给

（一）与NGO合作下的居家养老服务供给模式概况

宁波市作为沿海经济发达城市，经济突飞猛进的同时人口老龄化进程也在不断加快。为了解决养老难题，多年来宁波市尝试建设集中养老机构回应需求，但收效甚微。2004年5月，宁波市海曙区政府转变思路，出台《关于社会化居家养老工作的指导性意见》，提出根据“政府扶持、非营利组织运作、社会参与”的发展原则，与NGO合作创新居家养老服务供给模式。探索在进一步完善社区基本养老服务基础上，与以星光敬老协会为代表的NGO组织合作向辖区内65个社区供给居家老人养老服务。

居家养老服务项目分为：普惠性服务项目和特殊型服务项目两种，海曙区政府将之概括为“走出来”与“走进去”的“两走”模式。其中，“走出来”普惠性服务项目是社区在政府资助下通过整合社会资源，引入NGO组织力量面向全体居家老人提供文体娱乐、卫生保健、教育讲座、日间照料、法律咨询等常规项目，倡导大部分身体健康、自理能力较强的居家老人主动走出家庭融入社区以获取服务。“走进去”特殊型服务项目的给付对象为重点照顾对象，如高龄、独居困难老人（包括残疾人）。对于这部分弱势群体，政府向NGO——星光敬老协会购买服务以每人每年2400元的标准向其提供基本居家养老服务。服务方式通常采用上门式，服务内

容包括生活照料（日常照料或者特殊护理）、医疗康复（包括陪同到医院看病、治疗、配药等）、精神慰藉（每天和老人交流，了解老人的需求，排除老人的孤独感）。超出政府购买服务给付标准的部分依靠义工、志愿者服务、企业捐助或老人自费购买。经济收入较高的居家老人可以根据自身需求购买或定制多样化、个性化的服务内容。另外，宁波市海曙区依托81890求助服务中心，建立了“海曙区养老援助呼叫中心”，为80岁以上、“空巢”独居、困难老人免费安装一键通电话并发放“81890”服务卡，方便老人凭卡自主选择养老服务项目。

在海曙区试点取得初步成效基础上，宁波市政府把居家养老服务体系建设与完善作为改善民生的重要内容在全市大力推进。截至2013年年底，宁波市70%以上的城市社区和60%以上的行政村正开展居家养老服务推进工作，全市392个街道、社区和1528个行政村设立了居家养老服务中心，4万多户老年家庭安装了“81890”一键通电话，政府或村集体为1.8万名困难老人购买了居家养老服务。目前，宁波市共有2100多名专职或兼职服务人员向60万名居家老人提供包括家政服务、生活照料、探望护理、卫生保健、精神慰藉、文体娱乐等服务，有些社区为了解决居家老人就餐问题还建立了老年食堂。

（二）与NGO合作下的居家养老服务模式运行架构

1. 宁波居家养老服务模式的供给主体及其职责

宁波居家养老服务模式秉持“政府扶持、非营利组织运作、社会参与”的发展思路，以政府与NGO合作的方式实现居家养老服务的多元化供给。其中，政府是居家养老服务的规划者，制定养老服务制度，推进养老服务政策落实，扶持非政府组织发展，监管养老服务质量，为弱势老人提供援助。通过建立区、街道、社区三级居家养老服务网络，整合社会资源促进养老服务工作全面展开。星光敬老协会承担判定服务对象的资格，确定服务内容、方式，培训、考核服务员，招募志愿者、义工，监控服务全程等责任。宁波市海曙区设立专门的公益创投基金用于社会组织的建设与发展，建立“义工银行”促进志愿精神的培育，扩大志愿者队伍，充分挖掘居家养老人力照料资源。目前，宁波市海曙区36个居家养老服务站点共引进127家社会组织，帮助排解居家老人精神寂寞，解决老人生活中遇到的困难，并为其提供日常生活照料、医疗健康、文体娱乐、法律咨询等服务。

2. 宁波居家养老服务模式的供给对象与内容

宁波居家养老服务模式供给项目与服务方式根据养老对象的自理能力与经济收入水平不同而有所不同。针对高龄、独居困难老人，政府以每年2400元的补贴标准向星光敬老协会购买服务，2013年购买服务范围向特殊家庭拓展，夫妻双方年龄之和满130周岁且双方均年满60周岁的失独家庭或年满65周岁的丧偶、离异的失独老人均可提出申请。政府购买服务范围之外的独居、困难老人，由星光敬老协会组织义工进行上门结对式服务，满足其养老服务需要，同时鼓励企业或个人通过认购的方式提供服务以体现社会关爱。此外，政府制定了多项激励措施扶持各类非营利组织发展，如独居老人俱乐部、“并肩行”服务团队、老年教育培训协会、社区知心队等，为居家老人提供多样化服务。组建由社工、义工、医护人员组建的“三合一”服务团队，创建具有日托、就餐、康复护理、文体娱乐、学习咨询等功能的居家养老服务中心丰富老人的居家生活，弥补养老服务资源短板，实现养老服务资源互融与对接。

3. 宁波居家养老服务模式的运作流程

任何一种养老服务模式的运作流程（如图6-1所示）都要解决三个核心问题：①委托—代理关系的形成，即养老服务的运营方接受供给方委托，行使服务决策与递送权；②有效参与与分权，明确委托—代理双方的具体责任权限，即服务的决策者、执行者、管理者之间需建立相互协作、相互配合、相互制约的制衡机制；③确定服务对象获取具体养老服务的流程与资格，即养老服务对象在怎样的条件下，通过何种方式，获取何种服务。在宁波居家养老服务供给模式中，政府作为提供方把服务生产责任委托给星光敬老协会并由协会负责服务获取的资格认定。老人向社区提出服务申请后，社区进行初步筛选和摸底，并把名单递送至星光敬老协会，由协会管理人员入户调查确定最终名单再反馈社区，社区公示后方可生效。为了保证服务质量与效果，星光敬老协会派遣管理人员进入社区对服务进行全程监管，并在服务完成后收集老人的反馈意见，根据评价结果向服务人员给付工资。针对购买服务范围之外的居家老人，社区和星光敬老协会尝试合作整合养老资源、建立“义工银行”，通过形式多样的志愿者活动解决其养老需要。

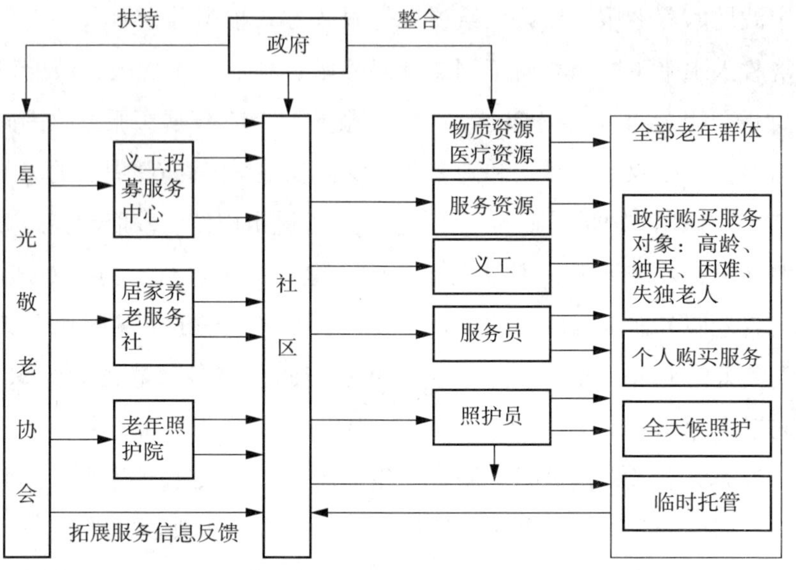

图 6-1　宁波居家养老服务模式的运作流程

资料来源：宁波市海曙区居家养老服务中心网站（http：//www. haishu. gov. cn/tshs/About06. htm）。

（三）与 NGO 合作下的居家养老服务模式的成效与问题

1. 与 NGO 合作下的居家养老服务模式成效

一是 NGO 参与分解了政府养老服务压力，质量评价结果更为客观。非政府组织独立性、民间性、志愿性、非营利等优势更容易获得服务对象与公共组织的信任，是居家老人最常见的外部支持和政府购买服务的主要合作伙伴，有效分担了政府养老服务的供给压力。另外，NGO 在服务监督评价方面发挥重要作用，评价结果更为客观准确。

二是 NGO 参与能够敏锐、及时地把握老年人的服务需求。NGO 可充分贴近和融入居民生活，及时、敏锐地捕捉老年人的生活需要。如星光敬老协会下属的居家养老服务社会定期派遣工作人员深入社区，运用专业技能对老年人养老需求进行全面摸底。依托养老议事会、单身老人俱乐部等养老服务组织，开展面向居家老人的各类养老服务，及时了解老年人的服务要求。非政府组织没有政府机构科层等级制度的约束，能以弹性灵活的组织形式与活动方式在较小范围内开展全方位服务。

三是 NGO 参与能够有效挖掘和整合社会资源。非政府组织依托其公益性、非营利、灵活性特征，多方位获取社会支持，整合社会资源，可提高资源利用率。NGO 通过志愿者服务演示不仅可提高公众对志愿者的信任度，还可吸引更多的志愿者参与，以其爱心、耐心、专业知识为居家老人提供多样化、高质量的服务，扩充了养老服务人力照料资源。

2. 与 NGO 合作下的居家养老服务模式存在的问题

一是定向、非竞争性的委托模式存在失败风险。星光敬老协会作为承接政府委托性服务组织，虽然在服务生产与递送中协会拥有较大独立权限和自主空间，但这种始于政府倡导的服务承接者，职能更多集中于执行政府政策，合作效果会打折扣。另外，非竞争性选择模式阻碍了其他社会组织的有效参与，久而久之会使养老服务购买者与承接者之间的依附程度加深。缺乏有效竞争的服务易失去改进与提升动力，导致居家养老服务质量与效率的下降。

二是缺乏系统有效的绩效评价管理体系。宁波模式虽然引入公民参与，在一定程度上保障了居家养老服务的质量，但仍未建立起系统有效的绩效评价体系，这让居家养老服务质量与效率难以获取持续性、制度性保障。特别是养老服务消费者的老年群体，作为服务质量与效果最直观的感受者和体验者，理应参与到绩效考评之中。缺少消费者的有效参与与评价的服务供给模式，易因忽视老年群体的利益而陷入发展困境。

四、社会化居家养老实践模式的对比与反思

（一）社会化居家养老实践模式的比较

在分析上海市、苏州市和宁波市社会化居家养老服务模式可发现，三

地在服务目标方面具有一致性，优先考虑高龄、低收入、独居困难老人，体现了政府对弱势群体的兜底性责任，但与居家老人普遍期待的适度普惠性服务诉求仍有较大差距。三地对政策工具的选择也呈现相似性，但具体服务承接主体和服务方式不尽相同。上海市购买居家养老服务体系完全由政府主导，服务提供者——社区助老服务社由政府组建，事权、财权、人事权受政府影响较大，政府购买服务行为是一种内部化行为，这种模式对地方政府财力与管理能力要求较高。苏州市政府采取了与商业企业合作的方式，服务管理递送由专业物业公司承担，具有灵活性、敏锐性特点，服务质量与效率较高，更能满足居家养老需要。但社会参与力度有限，市场化运作机制仍没有建立，对志愿、社工组织的培养与挖掘不足。宁波市政府采取与 NGO 合作提供养老服务，发挥非政府组织志愿性、独立性、民间性等优势，及时把握老人的服务需要；通过建立“义工银行”，倡导志愿行为，提高了服务质量与满意度。但与固定服务主体合作，会阻碍其他优质组织的发展空间，缺乏竞争对手与有效的绩效评价机制会使该种模式存在失败风险（见表 6-3）。

表 6-3　上海市、苏州市与宁波市社会化居家养老的实践比较

具体内容	上海模式	苏州模式	宁波模式
主要服务主体	政府+政府衍生部门	政府+商业企业	政府+NGO
主要服务对象	（1）政府补贴对象：60岁以上低保或低收入家庭或 80 岁以上独居或纯老家庭（根据照料等级不同补贴标准也有所不同）。 （2）60 岁以上自费老人	（1）政府补贴对象：60岁以上“三无”、低保、低保边缘孤寡老人，劳动模范、归国华侨、重点优抚对象、无子女或75 岁以上子女残疾老人（根据照料等级不同补贴标准也有所不同）。 （2）60 岁以上自费老人	（1）政府补贴对象：高龄、独居困难、失独老人。 （2）60 岁以上自费老人
主要政策工具	政府购买服务	政府购买服务	政府购买服务
服务人员组成	主要通过“万人就业项目”招聘的“4050”下岗者、失业者、外来务工者	失业者、外来务工者、未就业者	失业者、外来务工者、未就业者、义工

续表

具体内容	上海模式	苏州模式	宁波模式
经验与成效	（1）提高了养老服务供给质量与效率。 （2）需求评估制度使养老资源得到公平合理利用。 （3）承接弱势老人服务兜底责任体现了公平正义	（1）提高了服务供给效率。 （2）先进信息技术的运用提升了服务便捷性与及时性。 （3）以顾客满意度为评价指标保障了服务质量	（1）NGO 分解了政府压力，监督政府行为，预防权力“寻租”。 （2）NGO 参与能够及时把握老年人的服务需求。 （3）NGO 参与能够有效整合社会资源
主要问题	（1）政府购买服务受众范围覆盖面小、内容单一。 （2）服务承接者由政府部门延伸而出，造成购买行为内部化。 （3）筹资渠道单一，过分依赖地方政府财政，不具备普适性。 （4）服务人员综合素质较低	（1）服务内容比较单一。 （2）从业人员专业化程度不高。 （3）社会参与力度有限，市场化运作机制尚未建立	（1）政府购买居家养老服务的对象范围小、内容单一。 （2）定向、非竞争性的委托模式存在失败风险。 （3）缺乏系统有效的绩效评估管理体系。 （4）服务人员素质与专业水平有待提高

资料来源：笔者整理。

（二）社会化居家养老实践模式的反思

1. 忽视对家庭照料的制度性激励与支持

长久以来家庭照料更能迎合老年人养老意愿，但在竞争加剧的社会中子女对养老付出的增加和其生存发展利益相悖，许多年轻人选择放弃养老责任以追求个人发展。为此，改变人们选择的机会成本和收益的比例，激发子女承担老年父母的养老责任，强化家庭照料功能是很多国家采取的措施。建立家庭代际养老激励机制，强化子女养老责任以鼓励子女增加对父辈的养老付出，从而达成养老的目的。目前，我国未出台专门性家庭养老支持制度，虽然《中华人民共和国老年人权益保障法》鼓励家庭成员与老年人共同生活或者就近居住，政府、社会应为家庭成员照料老年人提供帮助，但是具体如何实施并未明确，对家庭照料的帮扶仍停留在政策倡导阶段，效果有限。相反，因过于强调社会养老，助推了相应的舆论导向，提升了社会公众的期望值，传统家庭养老被淡化忽略。

2. 非竞争性购买了政府合作主体固定单一

政府购买制度的核心是要引入竞争机制，竞争是提高服务质量与效率、降低服务成本的关键。在国外，政府向社会组织购买服务的工作模式大概有四种类型，根据服务承接者和政府的关系是否独立，分为独立性购买与依赖性购买，根据购买程序是否具有竞争性分为竞争性购买与非竞争性购买。在我国，社会组织对政府的依赖性较大，很多服务机构始于政府购买需要，独立性购买较少。由于各地政府购买服务制度处于探索阶段，购买行为与程序仍需进一步规范，依赖型非竞争性购买较多。政府的合作主体单一、固定，处于竞争环境之外的服务机构易丧失发展动力，从长远来看服务质量很难保障。另外，在非竞争购买前提下，购买合同缺乏量化，受利益诱惑，一些组织难以秉持宗旨和专业优势，违背政府购买服务的目标与原则。

3. 居家养老服务内容缺少层次性与多样性

目前，各地居家养老服务的供给内容多为简单的日常生活照料，医疗检查、精神慰藉、康复保健、喘息服务等高层次服务中。居家养老服务直属管理部门为民政部门，而医疗护理归属卫生部门，医养结合如何推进仍是难题。从各试点地采用的服务方式来看，传统上门服务占据主流，社区日间照料护理、短期护理康复等设施建设仍处于起步状态。调查显示，我国城市居家养老服务需求总满足率仅 15.9%，其中家政服务满足率为 22.61%，护理服务满足率为 8.3%，聊天解闷服务满足率为 3.16%。由于种种限制各地政府购买服务呈现“三少”特征，即购买服务对象人数少、服务内容少、服务方式少且层次较低，这种供给模式很难有效满足居家老人的多样化需求。因此，各地养老服务消费者主要为政府的直接补贴对象，一般性自费老人很少。

第七章 东亚国家社会化居家养老模式的实践经验及启示

儒家文化价值观在社会经济发展和福利供给过程中的主流地位决定了东亚国家福利制度有别于欧美国家。以家长制度、家庭中心主义和共同体意识为基础的固有文化直接影响了东亚国家福利供给的内容和路径。一些学者把这种在东亚地区形成且普遍存在，区别于西方福利体制具有独特发展视角的新型福利类型统称为东亚福利体制。虽然批判者认为这种“不情愿的福利主义”带有的生产主义、低水平和儒家特色致使福利供给相当吝啬，但是20世纪90年代西方国家面临福利危机之时，这一福利模式却在较低的财政福利支出条件下获得了较好的社会效果。经过多年发展，以日本、韩国为代表的东亚福利模式有了进一步发展，养老服务供给体系相对完善。由于中、日、韩三国面临同样少子老龄化的代际养老压力，儒家文化的同源性，家庭中心主义的相似性，促使三国老年人对居家养老有着共同偏爱，日、韩居家养老政策改革的经验对完善我国解决代际支持失衡背景下社会化居家养老服务模式有着切实可行的借鉴意义。

一、东亚国家社会化居家养老模式经验借鉴的可行性分析

不可否认，东亚文明以儒教伦理为基石。儒家文化体系不仅成为东亚地区社会发展的价值基础，还对城内各国的经济发展、福利供给产生了深远影响。儒家文化的同源性、家庭中心主义的相似性、老年人居家养老的偏爱性让东亚国家特别是日本、韩国不约而同地在福利供给方面给予居家照护各种支持。基于文化价值观的共通性和养老意愿的相似性，东亚国家

福利政策改革的经验对我国居家养老模式建构具有借鉴意义。

（一）儒家孝道规范的同源性

早在公元4世纪至公元7世纪，日本和朝鲜就开始大力吸取中国文化，传播儒家思想，儒学迅速传播东亚各国，并对东亚各国社会文化发展产生重大影响。各国根据实际国情，从不同方面接受、诠释、汲取、融合儒家思想，形成各具民族特色的多民族儒学文化。在工业革命和西方文明的冲击下，传统儒学和现代化进程不相适应的消极因素虽不断被革新和扬弃，但渗透在民众日常生活和社会文化中的价值规范和儒家伦理却被很好地传承和遵守。其中，以尊老敬老为主的孝道规范成为家庭养老的伦理基础，虽然在内容和标准上各国有所差异，但在东亚地区早已成为共通性的文化价值规范。

日本是一个崇尚“拿来主义”的国家，不仅继承中国传统的儒家道德，还汲取了西方先进的科学管理和民主思想，其社会文化具有明显的二重性特征。日本对中国儒家思想的继承并不是全盘接受，而是有选择性地灵活汲取，十分注意和具体国情相结合。从儒学的应用方面来说，日本虽然也把“仁、义、礼、智、信”儒家五常作为社会生活和民间规范的道德伦理基础，但是不同于中国忠孝不能两全的无奈和百善孝为先的选择，日本社会提倡忠孝一致和以孝为忠的思想，对国家和集体的忠诚是其最高道德标准。忠诚规范在日本备受推崇并深深影响了其养老模式的发展与变化，相对于依赖家庭养老，日本人更倾向于对集体和社会福利供给的期待，这让日本较早完成了养老服务供给由家庭向社会的过渡。

对于东亚儒家文化圈的形成，古朝鲜发挥了重要作用。从公元4世纪开始，古朝鲜开始全盘引入和学习儒家思想体系，仁孝思想成为人们必须遵守的绝对准则。儒学的中坚思想——孝道文化一经传入即相沿成习，从未间断。不孝则违礼，不尊礼则不仁，而不仁则与儒家的基本道德伦理相抵触。在韩国，儒学成为人们的行为方式和社会主流文化，不管是民间还是官方都对弘扬和传承孝道文化十分重视。国家不仅鼓励推动孝道文化学术交流和研究，还在学校设立孝道文化专题课程，让敬老、孝亲的传统思想得以传承，并在2007年通过世界上第一部奖励孝行的法律《孝行奖励资助法》，以立法推进尊老敬老社会风尚，褒奖孝行，严惩子女不孝行为。一些民间宗教组织和企业团体成立孝行推广基金会（财团），推广孝道运动，激励子女孝敬父母。

（二）家庭主义的相似性

家庭是社会劳动生产的最小执行单位，也是最基本的福利供给单位。在与父权制度相配合的传统儒教“家本位”文化中，家庭利益高于一切，个人利益应该服从家庭利益。家庭比任何社会团体都要重要，每个成员都对家庭负有责任，这种责任应该伴随家庭成员生命的始终。整合性家庭关系有利于成员间的和谐，并帮助其规避各种社会风险，以家庭为中心的文化价值观成为代际养老的道德基础。因此，在东亚各国家庭通常成为老年人养老服务的应然供给者和最后防线，对家庭的依赖让政府更偏重向非正式部门提供政策支持，建立符合老年人和政府共同期待的以家庭为中心的养老福利体系，同时减少国家在福利供给方面的投入。

作为儒家文化继承最为完整的国家，韩国是一个推崇家本位思想以家庭为中心的社会，韩国人把家庭的利益、名誉放在至高无上的地位。家庭中心主义潜移默化地影响着个人价值观，并作为日常生活的一般性原则通过具体的生活方式予以传承。这种家庭中心主义观念以孝道文化为基础并在很大程度地影响了社会福利的供给方式和途径。在韩国，家庭承载了大部分养老供给功能，《社会保障基本法》要求“国家和地方政府应该为促进家庭健康发展，完善家庭功能而努力，保障家庭和社区的自发性福利活动”。

（三）代际支持失衡的共同性

“二战”后日本长期处于低出生率、低死亡率和人口预期寿命延长的发展状态，日本老年人口比重逐渐上升，人口整体规模缩小，是老龄化程度最为严重的国家之一。截至2013年，日本65岁以上人口占全国总人口的比例达25%，与此同时生育率却不断下降，预计到2024年日本的总和生育率将从2010年的1.39下降到1.33。2015年每2.3个日本人就要扶养一名老年人，这一数字到2060年将变为每1.3名劳动人口（15~64岁人口）扶养1名老龄人口，日本将成为以65岁以上老年人口为主的超高龄者社会。少子老龄化下共居家庭数量的减少和高龄独居老人的增多让以往以家庭代际照料为基础的养老服务体系遭遇严重挑战，日本政府日渐重视完善居家养老服务。

韩国同样深受代际支持失衡下家庭养老失效的困扰，虽然目前韩国人口老龄化水平明显低于日本、欧洲等发达国家，但发展趋势迅猛，到2040年将超过上述国家。据韩国统计厅2008年公布的数据，截至2007年，韩国65岁老年人口占总人口的比例已达9.9%，2050年65岁以上人口将达1527万人，约为总人口的34.4%，2060年韩国65岁及以上、80岁及以上的人口比例将分别达40.1%和17.2%。与人口老龄化发展的同时出生率却逐年走低，1960年韩国总和生育率曾高达6.0，2003年却跌至1.19，成为世界上生育率最低的国家之一。低生育率和人口结构老龄化导致社会抚养比快速上升。据测算，2060年韩国老年人口抚养比将达到1∶1.2，也就是说每1.2个劳动人口（15~64岁）就要扶养一名65岁以上老人。少子老龄化给普通家庭带来了严重的代际养老困难，并给国家、社会造成沉重的赡养负担。

（四）居家养老选择性偏爱的一致性

传统日本社会受儒家思想影响，家庭结构以三代或四代同堂的“直系制家庭”为主，老年父母通过和一个子女家庭（大多数为长子家庭）共居来实现代际养老。作为回报等老人去世后，由长子继承家业。因此，家庭中的其他子女一般成年之后会离开父母单独生活，与父母之间的代际交换相对较少。虽然战后日本废除了父权制度和长子单独继承制，但这种家庭生活状态作为习惯仍然得以流传。1973年，石油危机带来的财政冲击让构建“日本型福利社会”成为新的建设目标，日本政府鼓励公民以“个人自助”和“家庭互助”的方式实现养老以减轻国家负担。1979年发布的《厚生白皮书》指出，家庭是日本“福利供给的潜在资产”，传统福利和积极型福利观主宰着这一时期养老福利供给方式。随着日本工业化、现代化进程加快，劳动力转移规模不断加大，核心家庭比例不断提高，直系制家庭数量逐渐减少，日本妇女就业率的上升促使老年人“护理者人群”数量急速下降。家庭护理资源锐减和多数老人希望在家中安度晚年的意愿形成激烈碰撞，日本福利供给政策开始由家庭自助型向家庭援助型转变。随着社会化养老体系的完善，更多日本老人选择居家养老的服务模式。虽然老年福利供给的主要方式发生了转变，但是家庭在养老服务中的基础性作用并没有改变，机构养老成为不得已而为之的后备选择。归其缘由，日本人拥有的自立自助精神、相互协作的组织结构和家庭内的趋同意识造就了其不靠国家，依靠自己、家属与近邻的相互帮助来完成养老的观念，而政府、市场、社会对家庭养老相对完备的正式与非正式性支持体系也发挥了重要作用。

作为儒家文化传承最为完整的国家，韩国的孝道文化有着深厚的历史底蕴，崇尚孝道的社会风气由来已久，孝道观念深深植根于韩国人的道德伦理意识并相传成习。家庭中心主义和孝道思想的共同作用造就了韩国独特的养老文化，是政府推行“家庭照顾第一、公共照料第二”福利政策的思想来源。除了韩国民众的尊老敬老、孝顺父母的优秀文化传统之外，政府在敬老风气推动、孝道教育宣传、家庭政策激励等方面出台了诸多措施。在这样的氛围下，老人入住养老机构会被认为是子女不孝的象征，老年人在居家环境中接受来自子女与家庭外部力量的服务是一种主流养老模式。

二、日本社会化居家养老模式的实践经验

（一）健全家庭养老制度性激励缓解代际支持压力

现阶段的家庭养老是传统文化融于现代生产方式的产物，家庭养老的内涵和价值远远超出其功能与手段。代际养老作为家庭的基本功能和职能在日本历来备受重视，这种养老供给形式不仅和政府提倡的建设“日本型福利社会”目标相吻合，还和大部分老年人养老意愿相一致。在日本，赡

养老人的义务并没有和家庭相分离，社会化养老体系的构建以家庭功能的充分发挥为基础，老年人一般依靠家庭成员和近亲属提供照护，社会福利和市场供给只是对家庭代际养老的必要补充。日本诸多法律均体现了对家庭养老的重视和支持，现行民法规定所有子女都有赡养老人的义务，不管子女与父母居住距离有多远，在必要时所有子女除了向父母提供经济方面的资助外，还要承担父母身体护理方面的义务，生活保护法、老人福利法、老人保健法也有强制家庭成员具有赡养义务的规定。此外，法律在家庭或亲属之间已经形成赡养关系时也在制度上给予承认与保障，如国民年金法、厚生年金、健康保险法等都有相关规定。为了防止老人遭到虐待或遗弃，日本于2005年11月9日颁布《关于对防止虐待高龄者、养护高龄者进行支援》，以强制性手段保障老年人的养老权和正当权益。

不可否认，现代社会中家庭结构和规模的变化导致传统共居型养老模式瓦解和分化，子女数量的减少和代际居住分离使得家庭照料资源锐减，代际养老供给困难。此外，囿于财富、时间和精力的稀缺，子女在面临劳动力市场的激烈竞争时往往陷入角色冲突，使其在“事业成功者”和“孝顺子女”之间犹豫徘徊，大多数人出于成本、收益比较很容易放弃对父母的赡养责任。因此，要保证老年群体最大限度地享有家庭照顾必须从多方面对代际养老进行激励，增加养老收益。首先，日本政府规定：赡养70岁及以上低收入老人的纳税人，可以享受所得税抵免政策。若老年人是纳税人的父母或纳税人配偶的父母并与纳税人共同居住的，减免数量增加。子女照顾行动不便或卧病在床的老人还可以得到一定的现金补贴、“慰劳金”或慰问餐券、温泉券。其次，通过护理保险制度向需要护理的家庭派遣护理员，给予家庭照料者喘息休整机会，维系家庭成员间的情感关系。如果子女因出差、旅行或生病不能照顾老人，可以把老人暂时送入特别护理老人之家短期照护。和老人一同居住的子女为了扩充老人活动空间要修屋建房的，可以优先得到贷款。家中卧病在床或失能老人需要特殊设备的，政府也可予以供给。除了加大对代际养老家庭的现金、实物支持外，日本政府注重从社会舆论方面引导、培养尊老敬老观念并提倡和推动家庭养老，如设置“敬老日”“老人周”，在全国范围内召开老人福利大会，发放敬老祝贺金，播放敬老特别节目，引导民众对老人福利的关注和对家庭照料的支持。

（二）多种类民间组织承接居家养老生活事业

1. 政府与民间组织合作建设多样化的居家养老服务设施

鉴于大多数老年人选择居家养老方式，日本政府将居家养老和社区服务进行了有效整合，打造出“30 分钟养老护理社区”，即在距离 30 分钟路程的社区内，建设配套小型养老护理服务设施，提供日常生活照料、医疗保健、看护护理、娱乐休闲等多个养老项目。为了保障服务质量和供给效率，明确市町村是老年人福利供给的具体实施者，无论该市町村是否设置福利事务所都应将居家福利和老人院的入所措施统合进行，策划老人福利计划，努力完善法律规定的居家服务、介护支援、设施服务、老人俱乐部和其他相关老年事业以增进老年人福利。

为了应对高龄社会养老服务供给挑战，早在 20 世纪 60 年代，日本政府就开始向民间开放养老设施建设，放松对民间养老机构的管制，在土地、税收、补贴等方面出台多种优惠措施使日本养老产业呈现“百花齐放”的发展态势。当前包括居家养老设施在内的所有养老设施民营机构成为绝对供给主力，不论是设施数量还是从业人数，均占总量的 95% 以上。政府出台各种严格细致的规制措施引导居家养老服务事业与产业向着功能定位明确、多样化、多层次方向发展。基于承接居家养老的民间机构有着不同的法律身份，其服务供给的优势领域也不尽相同，日本政府根据民营机构的法人特征设计了严格的准入条件与方式，并制定了详尽的质量标准来保障居家老人获取的服务质量，具体见表 7-1 和表 7-2。

表 7-1　日本老人居家福利设施的准入和分类

设施项目	供给法人	供给要求
老人护理保健设施	（1）市町村（向都道府县登记）。 （2）社会福利法人（需都道府县认可）。 （3）医疗法人（需都道府县指定）。 （4）NPO 与营利法人（不允许进入）	老人接受住院治疗病情稳定后的短期过渡性养护机构

续表

设施项目	供给法人	供给要求
老人门诊、短期住院设施	（1）市町村（向都道府县登记）。 （2）社会福利法人（需都道府县认可）。 （3）医疗法人、NPO、营利法人（向都道府县登记）	通过每天来往于门诊和短期住院的方式接受护理、生活照料及机能训练的机构
老人访问看护机构	（1）市町村（向都道府县登记）。 （2）社会福利法人、医疗法人、NPO、营利法人（向都道府县登记）	针对居家护理老人提供身体护理、生活援助和往返医院就诊等服务的机构
收费老人院	（1）市町村（不允许进入）。 （2）社会福利法人、医疗法人、NPO、营利法人（需事先到都道府县登记，并接受行政监督）	由民间提供的各种各样的居住式养老院，根据老人的身体状况和经济承受能力，包括护理型、住宅型和健康型
老人福利中心	（1）A型为市町村。 （2）B型为市町村、社会福利法人或NPO	解答老人各种咨询（生活、健康、工作）并为老人提供旨在增进健康（机能训练设施）、提高教养和娱乐的设施

资料来源：笔者整理。

表7-2　日本老年人居家生活支援事业

名称	对象	主要内容
老人居家介护事业	65岁以上，由于身体或精神障碍日常生活困难者	入浴、排泄、饮食等介护及其他日常生活所需要的符合厚生劳动省规定的内容
老人日间服务事业	65岁以上，由于身体或精神障碍日常生活困难者，且被认为接受介护有显著困难的	入浴、饮食、机能训练、介护方法指导，有关生活方面的咨询和建议
老人短期入所事业	65岁以上，由于养护者患病或其他理由（介护者疲劳、分娩、庆吊仪式等）在家接受介护暂时有困难者	为期一周左右的介护服务
认知症对应型共同生活援助事业	65岁以上，处于认知症状态下日常生活有困难者	介护服务并共同生活而改善其生活、减轻其认知症的状态
小规模多功能型居家介护事业	65岁以上，由于身体或精神障碍日常生活困难者，被认为利用小规模多功能居家介护有明显困难者	往返于服务网点或让其短期内宿泊，进行入浴、排泄、饮食等日常生活必要服务和技能训练
高龄者生活福利中心运营事业	60岁以上独居者、夫妻二人居住以及接受家属援助困难者	提供居住、介护服务、日常生活交流场所

资料来源：笔者整理。

2. 邻里志愿组织扩充了居家照料人力资源

邻里互助活动有助于信赖、互惠等地域社会的网络链接，加强人与人之间的联系，有效缓解居家介护人力资源不足的问题。城市人口的异质性、流动性和人们对制度性支持的依赖削弱了邻里之间的亲密关系，培养居民主体意识，共建和谐美好、互帮互助的社区文化日趋迫切。在日本除了町内会、自治会等地缘组织之外，一些居民自愿组成的邻里互助组织和非营利组织（NPO）十分注意招募社区志愿者，激发人们自助互助意识，为老人提供帮扶活动。这些志愿者大多为当地社区居民，对老人状况比较熟悉，彼此相当默契，因而工作起来得心应手。志愿者以40~65岁的女性家庭主妇居多，这些人孩子大多已经成年，相对轻松，有更多时间和能力参与帮扶活动，有的甚至参加多个社团。他们以援助的方式照料独居、寡居或缺乏自理能力老人的起居，举办邻里聚会，开展健身、（无障碍）旅游、聚餐、文化表演、康复练习等涉及老人生活各个层面的活动，缓解老人居家养老照护难题，维护老年群体身心健康，志愿者也在帮扶中获得了成就感和身心满足。邻里互助提升了社区群体认同感、凝聚力和安全感，创造了和谐共融的良性社区氛围。

（三）根据照料等级给付多层次的居家照护服务项目

日本的养老服务供给种类齐全，内容也很丰富，涵盖的服务范围十分广泛。需要护理或支援的老年人可先向市町村提出申请，经过专门机构进行资格认定和评估才能获取服务。评估者根据85项指标评测判断老人处理日常生活的能力、认知状态和感官状态，并把老人分为“自立”“需要支援2个等级”“需要护理5个等级”。接下来由市町村和社会服务部委任的专家进行二次评估，决定初次评估的有效性并进行补充和修改。经过资格认定评估，相关部门会根据评估分类和级别决定给予老年人不同的养老服务，并发放老人护理给付证。护理等级的划定及服务的给付内容采用全国统一标准，老年人只有取得护理等级认定才能依靠长期护理保险获得服务或现金给付；没有达到护理要求的老人，如果确认“预计将会出现日常生活遇到障碍”，可以认定为“要援助状态”。根据《长期护理保险法》第7

条规定，为了防止此类老人发展为需要护理状态，应提供一定的预防给付服务。预防给付是一项非常独特的制度，具有未雨绸缪、防患于未然的作用，给付内容基本和护理给付一致，但原则上要去除福利院给付和认知症对应型共同生活护理设施。

被判定为需要护理的老人可以根据自身护理等级和生活需要选择相应的居家养老服务项目。居家服务包括上门服务（访问型服务、通勤型服务、家族支援型、一般性支援服务等）、社区服务（短期入住疗养、短期入住生活护理、日间照料等）、居家护理支援事业、居家护理住宅整修费和居家护理福利用品购买费用等。近年来，各地方政府为了照顾老人的生活需要，建立的介于居家服务和福利院服务之间的小规模多功能型居家服务设施备受老年人欢迎，具体情况见表 7-3 和表 7-4。

表 7-3　日本护理级别及服务内容

护理级别	程度	身体状况	服务内容	服务时间和形式
要支援	援助	生活基本能够自理，但是清洁卫生、洗衣、购物等生活活动需要他人帮助	起身、起床、站立、家务	25～32 分钟，每周 2 次通所服务
要护理 1	部分护理	生活基本能够自理，但是步态不稳，打扫卫生、沐浴需要帮助	行走、沐浴、修剪指甲	32～50 分钟，每天接受服务
要护理 2	轻度护理	起床困难，排泄、沐浴、扫除需要帮助	穿脱衣服、沐浴、行走移动、意愿决定	50～70 分钟，每周 3 次通所服务
要护理 3	中度护理	起床困难，排泄、清洁完全需要帮助	洗脸、洗澡、理发清洁、口腔清洁	70～90 分钟，每天接受包括晚间访问护理等 2 次服务
要护理 4	重度护理	排泄、沐浴、穿衣、移动、难以站立且需要完全帮助	清洁、沐浴、进餐、意愿传达	90～110 分钟，每天接受晚间访问护理等 2～3 次服务
要护理 5	最重度护理	各个方面都需要全面护理	全面护理包括进餐下咽、记忆、理解都需要帮助	110～130 分钟，每天接受包括早晨和晚间访问护理在内的 3～4 次服务

资料来源：宋金文. 日本农村社会保障［M］. 北京：中国社会科学出版社，2007：239-240.

表 7-4　日本护理给付和预防给付的服务内容

居家照护服务	社区照护服务	机构照护服务
(1) 访问护理。(2) 访问看护。(3) 访问沐浴护理。(4) 访问康复训练。(5) 居家疗养管理指导。(6) 借贷福利用品。(7) 居家护理福利用具购买费用。(8) 居家护理住宅整修费用	(1) 短期入所生活护理。(2) 短期入所疗养护理。(3) 日间照料护理。(4) 日间康复训练。(5) 认知症对应型共同生活护理。(6) 特定设施入居者生活护理	(1) 护理老人福利设施（为入住者提供入浴、排泄、饮食等生活照料、机能训练、健康管理和疗养）。(2) 护理老人保健设施（日常看护、机能训练、医疗保健和日常照料服务）。(3) 护理疗养性医疗设施（疗养病床和认知症病床两种）

资料来源：笔者整理。

（四）构建居家养老服务从业资格与质量评价机制

早在 1987 年，日本国会就通过了《社会福利士及介护福利士法》，要求不管是从事居家养老服务还是福利设施服务的工作人员都必须具有相应资质，否则不能提供照护服务。1992 年，日本政府又制定《福利人才确保法》，保障福利人才的培养质量，确保其获得应有的经济和社会地位。这些从业者大都经历了本科或大中专院校的培养教育，学习范围涵盖基础知识、专业知识和福利伦理等，且毕业生必须参加老年护理实践活动并通过国家统一的福利士资格考试，合格后方能供给服务。正是基于居家养老服务专业化高素质人才，日本社会化居家养老服务体系中的协同合作、流程制度、服务安排井然有序。

居家老人在获取服务之前需选择一个照护经理人，照护经理人会基于 LTCI 的要求和其他照护供给者协同合作为老人制订全面精细的照护服务计划。照护经理人负责安排家务助理（做家务、个人照料等）、访问护士、护理日托服务、短期喘息护理等提供服务。这些照护人员来自各专业领域，包括护理员、护士、医师、药师等。访问护士须持有国家认证的注册护士执照，而大多数来访医生为专业的家庭医生，所有护理人员必须通过相关专业认证并完成了 44 小时的服务培训课程才能供给养老服务，照护人员彼此之间分工明确，协同合作保障老年人获取高质量的医疗照护。

为了保障服务质量，日本建立了较为完善的养老服务质量评价体系，具体分为机构自我评价、老年人评价、第三方评价三种方式。服务评价内容包含日常生活照料服务、专业服务、机构设置、经营管理服务等项目，并制定了详细的养老服务评价标准。机构自评标准涉及较多的是结构质量性指标和过程性质量指标。老年人评价标准则侧重被服务者的主观感受和对服务的满意程度。第三方评价的主体是由多方专业人员组成的非营利组织，其任务是对待测养老服务组织或机构进行全方位的系统评测。由于第三方评价组织与老人及服务者并无直接利益牵绊，评价结果更为客观，易被双方接受。评价结果由厚生劳动省于官方网站公布，老年人可以查询并结合自身需求有针对性地选择居家养老服务主体。评价信息的公开透明对各服务组织或机构起到了良好的监督、激励作用，为政府养老政策的查漏补缺提供了重要参考。

三、韩国社会化居家养老模式的构建经验

（一）利用文化与制度工具强化家庭代际养老功能

1. 倡导孝道文化，营造敬老孝亲社会氛围

崇尚孝道文化在韩国由来已久，以儒学为基础的孝道规范已融入社会的各个方面，成为民族文化的重要组成部分。韩国对孝道文化的稳固传承离不开政府和社会在教育、法律、规范等方面的引导和推进。在韩国，孝文化教育是一项系统性教育，从幼儿园、小学到中学、大学均开设以孝道为核心的儒家伦理课程，学校和社会团体经常合作举办丰富多彩、形式多样的孝文化实践活动，倡导学生继承敬老、孝亲的优良传统。同时，韩国政府鼓励高校和民间文化团体成立儒学研究机构，吸纳各类优秀人才积极参与学术研究，为弘扬孝道文化提供思想和理论基础。除了全民性、全程性文化教育之外，韩国在 2007 年通过《孝行奖励资助法》，以立法形式来褒奖孝行，推动孝文化教育和孝道推广，保护老年人的特殊权利。另外，为培养和提升公民的孝道意识，规定公务员每年享有“行孝休假日”，为父母及岳父母或公婆庆祝生日，如不与老人居住在同一城市，还可放宽休假日；每年的 5 月 8 日被定为父母亲节，开展感谢父母恩情，尊敬孝敬长辈活动；指定每年的 10 月 2 日为老人节，10 月为敬老月，在此期间举办

老人体育大会、尊老、敬老活动、学术研讨会等引起社会各界对老年福利的关心，政府或孝行推广财团（三星福利财团、圣山青少年培养财团等）还会推选全国孝行模范或老年人福利贡献者予以嘉奖，以此激发个人对家庭和社会的道德责任感，营造尊老、敬老、爱老、孝老的社会氛围。

2. 利用制度手段激励家庭代际养老行为

除了文化引领之外，韩国政府充分利用家庭津贴、住房津贴、所得税减免等制度手段提升家庭养老支持力，支持子女赡养父母、恪守孝道。韩国《社会保障基本法》原则性规定“国家和地方政府应该为促进家庭的健康发展，提高家庭功能而努力”，并在各个专项法律中制定条款激励家庭代际养老行为。韩国《国民年金法》第48条规定，“赡养60岁以上父母或二级以上残疾父母的，在支付年金时每年可追加10万韩元的附加年金”。韩国《失业保险法》规定，因本人或配偶的直系亲属伤病不能就业或因赡养65岁以上老年父母影响就业的，可以延长失业金的领取时间；韩国《国民基础生活保障法》规定，“赡养痴呆父母的有劳动能力的最低生活保障者，可以认定为参与劳动或参与自救生活困难者，享受相关保障”。在财政福利方面，韩国政府制定了十分详细的税收优惠措施以缓解子女养老压力。对赡养60岁（女55岁）以上老年人或与65岁以上老年人共同生活的子女每年可扣除48万韩元的所得税；赡养老人五年以上的三代同堂家庭，在继承遗产时给予税收额90%的减免，每赡养一位老人可扣除3000万韩元的遗产税；父母和子女都拥有住房，子女为了方便照顾父母与其一起生活的家庭，如果一方出租或者出售房屋可免除所得税；夫妻和任何一方老年父母一起居住两年以上的家庭可优先获得政府贷款，用以改进或扩建住宅或者购买新房；购买三世同堂住房的家庭可减免登记税、转让税；韩国法务部颁布的继承法修正案规定赡养父母的子女在继承遗产时应比其他子女多继承50%的财产，以保障代际照料者权益。韩国政府通过这些法律和措施鼓励代际共居养老，并把经济均衡发展与家庭传统相结合，这种模式属于家庭保护式福利模式。

（二）“政府+市场”促进老年人就业，提升其自我养老能力

20世纪90年代席卷全球的经济危机是韩国走向“后发型福利国家化”

的开端，福利供给模式开始由剩余性向制度性推进，即追求所谓“生产性福利”发展战略。按照韩国政府的解释，所谓生产性福利就是国家保障社会弱势群体的基本生活，创造稳定的劳动环境促进劳动者提高生活质量，在实现产业民主的同时改革文化、娱乐、体育、环境问题，谋求国民生活质量提高的综合性福利。生产性福利强调福利供给中劳动与福利的连接，减少公民对国家福利的依赖度，对于老年人群亦是如此。

韩国政府为了实现积极老龄化和生产性老龄化目标，制定多项措施规范劳动力市场，促进老年人再就业，提高其自助养老能力。为了消除社会对老年人的歧视，韩国政府 2007 年出台《雇佣上禁止年龄歧视及老年人雇佣促进法》，禁止用工单位在招聘、录用、工资福利待遇、晋升、解雇等方面歧视老年人，并详细阐述了各种直接性歧视、间接性歧视、报复性歧视的表现与相关惩罚措施，通过强制性立法保障老年群体在劳动力市场获得公平的就业机会，保护老年人权益。为了避免老人过多依靠国家现金补助和收入保障制度来增加经济收入，政府与市场协作发展老年人职业岗位事业，鼓励其通过再就业达到自我帮扶、自助养老的目的。就政府而言，每季度为再就业的老年人发放就业奖励金，激励其利用自身的经验知识换取劳动报酬。为了延长老年人的就业期，保健福利家庭部、老人人力开发院、地方政府等部门共同推出了一些适合老年人工作的就业岗位，这些岗位通常与国民生活密切相关，从属社会服务体系，主要包括公益性、福利性、教育性等工作。但是由于这些岗位收益率较低，与老年人的预期差距较大，实施效果并不理想。为了扩大老年人职业岗位的覆盖面，政府尝试与私营机构协同合作，充分挖掘市场领域的就业资源，共同开发多种适宜老年人健康和能力的岗位，包括自立型职业岗位、人力派遣型职业岗位等，支持老年人再就业，让其在身心可接受范围内增加养老资产，通过劳动丰富晚年生活。

（三）政府、社会、市场合作，供给多样性居家养老服务项目

1. 政府直接供给普惠性居家养老服务项目

由韩国政府、社会、市场合作供给的居家养老服务层次清晰、内容多样，其中面向老年群体推出了多项普惠性养老服务：在轨道交通、文

化旅游等领域加大敬老优待力度；提供免费医疗诊断服务，预防老年慢性疾病；兴建老年福利设施、举办健康庆典活动，激励老人自发参与健康保健运动，保持身心健康。对无人赡养或家庭赡养困难的老人采取救济支援政策，除免费供应伙食之外还利用福利支援设施安排居住场所，保障困难老人的基本生活需要。为了防止老人由于年老体衰遭受不公正待遇甚至受到虐待，2004 年韩国通过《老人福利法》第 5 次修正案，设立老年人专门保护机构并开设紧急服务电话，规定针对老年人遭受虐待相关责任主体的申告义务。2007 年，韩国《老人福利法》第 7 次修订新增赡养者或保护机构针对失踪老人的申告义务等条款，保障老年人的生命安全。

2. 通过双面补贴激励社会与市场供给多样化养老项目

一是补贴服务主体，支持居家养老服务机构发展。居家养老服务的生产与递送仅依靠政府并不现实，必须整合多元主体力量协作完成。韩国政府为吸引民间资本注资，拓宽居家养老服务的供给途径，提高服务供给效率，于 1970 年颁布了《社会福利事业法》，规定对民间资本投资的社会福利机构提供一定财政补贴予以支持。韩国进一步加大财政补贴力度、扩大财政支持范围，除了补贴营利服务机构外，还为非营利组织提供援助资金。政府每年出资 1500 万美元，非营利组织可提交援助申请，每个组织获得的资金数额由其组织活动的规模和影响力决定。具体而言，就是根据社会福利组织类型（利用设施和生活设施）、福利组织员工数量、服务对象人数和设施建设规模的不同采取不同补贴标准和额度。

二是补贴服务对象，提高居家养老服务供给效能。韩国政府从 2007 年开始推出养老服务凭单制度，面向居家老人发放消费券或服务券，并指定服务券兑换机构，规定各种服务项目的消费方式和服务单价，老年人可以自由选择到心仪的居家养老服务机构兑换服务。服务券兑换过程中，政府承担“提供”公共物品的责任，把居家养老服务“生产递送”责任转移给专业的社会组织和企业，让消费者“用脚投票”，扩大老年人的选择权；同时，促进多元主体良性竞争，提高居家养老服务供需匹配度和满意度。

截至2010年，在政府双面补贴政策激励下，韩国市场、社会组织成立的老人居家福利机构2496家，其中上门护理机构1118家；老人休闲福利机构（包括敬老堂及老人福利馆等）62469家；老人医疗福利机构3852家，其中老人护理机构2429家。目前，韩国居家养老服务体系已比较健全，服务项目涵盖疗养、修养、居家照料、休闲保健等，内容多样、种类齐全。为了应对少子老龄化挑战，减轻家庭照料负担，韩国于2008年强制推行长期护理保险制度，促使各种老年福利机构的服务项目和长期护理保险的给付内容相结合，面向失能老人提供多层次、多样化照护服务。长期照护服务获取之前申请人必须向国民健康保险公团提交申请，接受专业护士和社会福利师的调查访问，由长期护理评级委员会根据调查结果对老人进行照护级别评定。一般情况下，日常生活完全需要他人介护的老人为长期护理第一等级，而相当部分需要他人协助的老人被划分为第二等级，日常生活部分需要他人帮助的老人属于第三等级。申请人在明确护理等级的前提下接受与等级要求一致的服务内容，但为了尊重个人的生活习惯和照护意愿，法律规定老人可自由选择居家照护或机构照护，还可根据自身情况申请包括家庭护理费、特别护理费、医院护理费等特别现金给付，具体见表7-5。

表7-5　韩国老人居家养老福利设施的种类、名称及供给对象和内容

种类	设施名称	供给对象	供给内容
居家养老福利设施	访问疗养服务	符合长期护理保险认定资格，需在家中照护的老人	派遣家庭护理员为老人提供日常生活所需的各种服务
	昼夜保护服务	符合长期护理保险认定资格，不能得到家庭护理必须在日间或夜间入住照料机构得到照护的老人	因老人不能得到家庭照料，为其提供各种生活照料服务，设法使其保持生活安定并提高身心机能
	短期护理服务	符合长期护理保险认定资格，不能得到家庭照料需短期内入住照料机构的老人	提供短期入住服务，并提供相应的护理和照料服务
	访问洗浴服务	符合长期护理保险认定资格，因身体因素需要上门洗浴服务的老人	携带洗浴装备，提供洗浴服务

续表

种类	设施名称	供给对象	供给内容
老人医疗福利设施	老人疗养设施	患有痴呆症、瘫痪等老年性疾病，符合长期疗养条件者或65岁以上无法获得有效赡养者，60岁以上缴纳全部入住费用者	提供食宿、照料、护理和日常生活所必需的服务
	老人疗养共同生活家庭	患有痴呆症、瘫痪等老年性疾病，符合长期疗养条件者或65岁以上无法获得有效赡养者，60岁以上缴纳全部入住费用者	提供家庭居住、伙食照料、护理和日常生活所必需的服务
	老年人专门医院	患有老年性疾病的老人或临终患者	为患有老年性疾病或临终患者提供治疗和疗养服务
老人休闲福利设施	敬老堂	65岁以上	向老人提供能够自由开展互帮互助、增进亲睦、趣味活动、交流信息、共同工作和进行其他休闲活动的场所
	老人福利馆	60岁以上	向老年人提供有关教养、兴趣、社会参与等各种信息和服务和促进健康、预防疾病和收入保障、居家养老以及其他增进老人福利所需的服务
	老人教室	60岁以上	满足老人参与社会愿望，提供健康保健、收入保障和其他日常生活相关的学习项目
	老人休养所	60岁以上	短期内向老人提供与身心休养相关的卫生、休闲等福利设施

资料来源：笔者整理。

四、东亚国家社会化居家养老模式实践经验启示

（一）提升居家老人家庭代际养老与自我养老能力

1. 通过教育和法律手段保障代际赡养责任的履行

韩国作为儒家文化传承较为完整的国家，具有深厚的孝道文化底蕴，是第一个将孝道行为立法的国家。韩国政府制定敬老优待制度，设立父母节、老人节、敬老月等节假日宣传敬老孝亲思想，并将儒家伦理列入学校德育课

程，此外，韩国政府与孝行推广财团一起对孝行模范予以奖励，激励社会敬老爱老热情。日本法律对老年父母的保护更加细化，民法、老人福利法、生活保护法等均明确了子女对老年父母的赡养和护理责任，日本还颁布了防止虐待高龄者、养护高龄者进行支援等法律，以强制手段保障老人权益。

当前，受社会上的一些不良风气浸染，涌现出不赡养老人、不孝敬父母的恶劣行为，从侧面反映了我们在传承优秀文化、保障老年人权益方面仍存在宣传教育不到位，立法保障缺位等问题。为此，可以学习韩国经验，积极弘扬优秀传统文化，树立爱老、敬老、助老、孝老的社会风尚；在中小学设立传统文化课程，鼓励青少年参与社区、福利机构的爱老、助老活动；政府和企业合作评选并褒奖孝行模范，激发人们敬老、孝老行为；完善法律法规，加大对遗弃老人、虐待老人的处罚力度，保障老年人的合法权益。

2. 提升代际共居意愿促进家庭照料行为

不可否认，代际共居对提高居家老人照护质量具有重要作用。为了激励家庭照料，日、韩两国出台多项涉及贷款、税收、继承等优惠措施，通过个人所得税减免、提供家庭津贴、发放照料者“慰劳金”等促进代际共居，减轻家庭照护压力。我国虽在《中华人民共和国老年人权益保障法》中提出鼓励子女与父母共同居住，孝敬赡养老年父母，但没有出台统一、规范的促进代际养老配套政策，仅靠舆论宣传，效果十分有限。为了促进代际共居、提高子女照护意愿，应在收入、择业、住房支持等方面，加大对家庭照料者倾斜力度，解决其后顾之忧。对于失独父母、子女伤残父母和困难“空巢”、失能老人，可采用政府购买居家养老服务的方式，为其提供制度性保障，缓解这部分老人的养老困难。

3. 鼓励低龄老人再就业提升自我养老能力

日、韩两国十分提倡老年人自立自强，强调福利供给中劳动与福利获取的关联性。为此，日本出台了《高龄者雇佣稳定法》《独立行政法人高龄残疾人雇佣支援机构法》，韩国颁布《禁止雇佣上存在年龄歧视及高龄者雇佣促进法》《高龄者基准雇佣率》《低生育率高龄社会基本计划》，通过相关法律的制定与完善，积极开发老年人力资源，提升居家老人“自我养老”能力。其实老年人在初老期、生活能够自理的情况下，根本不需要外界全天候、事无巨细的照顾与护理，很多健康低龄老年人社会参与、社会交往意愿仍比较强烈。但截至目前，我国尚未出台相关法律规范保障老年人的正当就业权益，老年人再就业过程中常遭遇年龄歧视、同工不同酬等问题，严重打击其追求“独立养老”的信心。因此，应尽早出台老年人就业促进法，开发更多适合老年群体的职业岗位，为有工作需求与热情的老年人创造积极、公平的就业环境，满足健康低龄老年人获取主动性经济收入的意愿，提高其自我养老能力。

（二）引导社会、市场参与合作，供给居家养老服务

1. 政府、市场、社会共建功能定位明确的居家照护设施

日、韩两国为了满足老年人多样化的养老需要，十分注重与市场、社会互惠合作、协同建设功能定位明确、层次衔接性强、内容全面的老年福利设施。目前，韩国老年福利设施主要包括居家照护服务设施、老人休闲福利设施和老人医疗福利设施。其中，居家照护服务设施又分为访问疗养、昼夜保护、短期护理和访问洗浴设施等，服务对象主要为符合长期护理保险认定资格的居家老人。为了丰富老年人的业余文化生活，韩国建立了老人休闲福利设施，包括老人敬老堂、老人福利馆、老人教室、老人休养所等。针对老年痴呆、瘫痪、患有严重老年疾病的老人，设立老人医疗福利设施，配合长期护理保险为这部分老人提供照料、护理、治疗和疗养服务。

我国居家养老服务体系发展滞后，养老服务主要依靠民营机构提供，其中具有专业能力和条件的企业集团、非营利组织占比较低，大量民营养老机构规模小以家庭作坊式经营，定位模糊、功能单一。这些机构的养护人员多由下岗职工、无业人员组成，缺乏专业的岗前培训，只能提供简单的照料性服务，医疗护理师、机能康复训练师等技术人才匮乏，不能满足老人医疗保健、康复护理等高水平照护需要。在推进居家养老服务供给过程中，政府部门应加大与社会、市场组织的合作力度，改变现有简单的绩效统计与补贴标

准，激发更多企业集团、医护机构、非营利组织等对居家养老服务项目的承接与参与热情，从制度上明确对居家养老服务机构或设施建设的功能定位和细化规范，以达到节约养老资源、提高供需匹配度的目的。

2. 倡导社会互助减轻居家照护压力

除了传承发扬优秀养老文化保障共居照料之外，日本还从完善家庭外部支持网络入手提升代际养老的支持力。日本的互助网络十分发达，社区居民自助互助意识很强，由社区志愿者组成的非正式性支持网络有效缓解了家庭照料资源的不足。喘息服务、老人短期入住护理服务等从制度上保障家庭照料者能够享有一定的休整时间，缓解了长期照护者的身心压力，维系了良好的代际关系，提高了家庭照护质量。

现阶段，我国居家养老不仅面临正式性支持不足，而且非正式性支持—社会互助受工业化与新的价值观念冲击严重，因地缘、业缘缔结的邻里互助网络在城市化进程中缺少修整重建。今后，我国应大力宣传、倡导社会互助养老，培育公民的志愿精神，加强邻里互助、老老互助、代际互助，依托“时间银行”或“积分养老”模式建设更加成熟的互助服务队伍，如此不仅能够有效缓解家庭照料者的身心压力、促进代际和谐，还能与家庭照料优势互补为老人提供更加多样化的养老服务。

（三）根据照护等级供给多层次专业性照护服务

依托长期护理保险制度，日、韩两国居家照护服务体系愈加完善，呈现多层次、多项目、专业性、精细化特点。服务内容根据老人的护理等级和自身要求而有所不同，包括居家照护服务、社区照护服务、机构照护服务。服务项目有照料、护理、康复训练、机能训练、医疗保健、健康管理等，种类齐全，服务人员严格按照法律规定标准录用，专业性和针对性较强。目前，我国多个城市开始积极推动长期护理保险制度的建立与发展，回应失能老人的照护需求，并取得初步进展。但同时我国照护服务体系建设滞后，与长期护理保险发展需要不相适应。为了配合长期护理保险制度的顺利运行，应建立具有健康保健、疾病预防、照料护理、机能康复等功能的居家照护服务系统、社区照护服务系统、机构照护服务系统。规范养老服务行业管理，明确区分娱乐保健型、日常照料型、医疗护理型、治疗康复型等功能定位不同的养老服务机构建设与监管标准，加快专业性照护服务人才的培养，构建具有针对性、多层次性、专业性的照护服务体系。普惠性养老服务之外的照护服务应依托长期护理保险规定供给，这就需要建立统一的管理机构，制定详细的服务申请程序、照护等级评判标准，遵循严格的资格准入与退出机制，对不同等级的老人提供不同层次、有针对性的服务，以达到提高照护服务效能的目的。

（四）完善居家养老服务质量监管并建立多维评估机制

1. 出台专项法规监管居家养老服务供给

养老服务业的发展完善离不开健全的法律与制度保障。从 20 世纪 60 年代至今，日本先后出台了近十部有关老年福利的法律与政策法规，包括《老人福利法》《老人保健法》《高龄社会对策基本法》《福利人才确保法》《特定非营利活动促进法》《社会福利士及看护福利士法》《老年人长期护理保险法》等。韩国的养老服务立法虽然较晚，但也先后颁布了《老人福利法》《非营利私人组织支持法》《老人长期护理保险法》等推进社会化居家养老服务发展。专项立法及配套细则不仅对居家养老的服务内容、服务标准、人员资质、设施建设进行说明，还划定了各级政府部门及服务主体的职责权限，并对损害老年人利益的行为专门设章明确处罚内容。有法可依、有规可循，老年福利供给才能更加专业化、规范化。

我国居家养老服务业发展仍面临诸多问题，特别是专项立法及配套措施建设滞后。立法滞后使得养老主体间角色边界模糊，各主体出于自我利益保护在服务供给中往往互相推诿扯皮。服务内容、标准、人员配备、设施建设等缺乏规范，服务质量良莠不齐，老年人权益很难得到保障。鉴于此，推进社会化居家养老服务发展必须加快立法建设，构建统一、健全的老年福利法律保障体系。

2. 建立居家养老服务维绩效评价机制

要保障养老服务质量、提高服务效能、规范服务市场就必须以标准化管理与质量评价机制为支撑。不论是上门服务还是设施服务，服务供给主体多元、服务水平不一，被照料者又多在封闭空间接受服务，如果对服务的效果、环境、内容、技术等缺乏事中和事后反馈则很难判断服务质量，也不能真正保障老人的合法权益。早在1966年，日本就制定了《关于养护老人院和特殊养护老人院及其运营基准》以监察的形式进行评价，此后又出台《老人院的机能及服务评价》《特殊养护老人院、老人保健设施服务评价基准》，不断推进完善养老服务评价机制。2000年，作为福利改革的重要内容，日本引入了第三方评价机制，构建了组织自评、老年人评价、第三方评价为主要内容的三维评价体系。

我国居家养老服务质量评价与监管仍存在不少漏洞，服务机构相关信息透明度不高，养老服务市场监管不严，一些不法组织或机构欺骗老人、虐待老人，护理事故、不当宣传等时有发生，老人的合法权益得不到妥善维护。要逐步完善居家养老服务市场、规范服务供给行为，必须建立多维度、标准化的养老服务评价机制。为了保障评价结果的公平性，可基于老年人评价引入第三方评价机制，综合各方评价结果，在社区信息管理平台及时发布，达到规范服务行为、提高服务质量的效果。

第八章 社会化居家养老多元协同供给模式的构建

在我国以居家方式接受养老服务是多数老年人的首选，居家养老模式成为养老服务发展的重点方向。面对老人多样化、个性化的服务要求，高质量、高效率递送服务仅依靠单一主体无法完成，必须引入多元主体协同合作。以福利混合理论为视角，合理划分政府、家庭、社区、市场、社会等多元主体的权责，建立协同信任机制促进供给主体各归其位、各司其职、资源共享、风险共担。以老年人实际需求为导向，互惠、共赢为原则，现代智慧技术为依托，构建社会化居家养老模式，有序、高效地提供多层次、多样化、专业化服务，对解决老年群体养老问题具有重要意义。

一、多元参与：社会化居家养老模式的主体设计

居家养老服务的供给主体应包括公共部门、私人部门、非正式部门与志愿部门。要创新居家养老服务供给模式，就必须对以上多元主体进行角色定位与职责权限划分，促使其协同合作提高社会化居家养老服务效能。

（一）社会化居家养老模式中多元主体供给的必要性

老年人身体衰老、抵抗力下降、认知能力下降，需要外界给予经济、照料和情感等方面支持和帮助。满足老年群体多方位的养老需求需有大量的人力、物力、财力资源支撑，单一主体很难独自承担。必须使家庭、政府、市场和社会多元主体共同生产，良性互动、协调合作，以实现居家老人利益最大化为诉求形成合力，充分满足老年群体多层次、多样化的居家养老需求。综合来说，多元主体协同供给居家养老服务的必要性在于以下

几点。

一是多元主体协同供给可避免单一主体供给失灵。单位保障制下公共服务供给失效的教训告诉我们，若只由政府提供养老服务势必导致部门膨胀、机构臃肿、财政压力加大、供给效率低下，且外部难以监督，容易为寻租创造条件。相比较政府，市场可通过竞争和价格机制达到优化资源配置，但在逐利本性驱动下自由市场的分配方式缺少公共性和扶危救困意识，并不同情和回应弱势群体的社会需要，强化了社会不平等、瓦解了公民责任感、加剧了两极分化。非营利组织具有“草根性”、利他性、专业性特点，“非分配约束”使其在养老服务供给中不会盲目追求利润而降低质量、欺骗消费者。但大多数非营利组织在融资方面处于短缺状态，志愿者扩面困难、专业化提升缓慢及家长式管理使其陷入“志愿失灵”的困境。竞争性社会中人口流动性加快、生活压力加大、文化价值观变迁等因素造成家庭养老能力下降，难以独自承受养老压力。因此，由家庭、政府、市场、非政府组织单一主体供给服务均会出现失灵问题，多元主体参与协同供给服务的必要性显而易见。

二是多元主体优势互补协同供给能优化资源配置。养老服务多元供给主体中的家庭、政府、市场和NGO，各自拥有自身优势。家庭在情感慰藉方面的独特作用是其他养老主体难以替代的，老人在熟悉的生活环境中接受家庭成员特别是子女照料能够提升其心理满足感和幸福感，稳固的家庭关系有助于增加老年人自信心和社会参与度。政府掌握着国家公权力，具有权威性和强制力，政府组织体系的整体性和范围的广泛性让其有足够的能力管理养老服务、收集信息、提供资金支持和对弱势老年人的救助。在良性竞争环境中，市场能够促进养老服务供给质量和水平提升，在推进养老服务项目多样化、供给方式多元化和服务人员专业化方面优势明显，更能迎合居家老人高水平、个性化的养老需求。NGO所具有的志愿精神和人文关怀让其和居家养老服务追求的价值具有一致性，专业化的服务内容可弥补政府和市场失灵留下的服务真空，源于社会的“草根性”可让其及时回应老年人的养老需求。因此，多元主体互惠合作完成养老服务的供给能够让各主体在各自的优势领域内发挥专长，避免资源浪费，控制养老服务生产成本，达到优化养老资源配置的目的。

三是多元主体间良性互动和互惠合作提升了养老服务质量和水平。各养老供给主体有着不同的优势和专长，建立家庭、政府、市场、社会多元主体良性互动和互惠合作机制，可以整合多方优势资源，提高居家养老服务效能。在此过程中，政府作为“元治理者”扮演“能促性”角色，是社会化居家养老服务供给的发起者、设计者和管理者。政府通过对各主体的培育、扶持、激励和监督，促进其完善和提升服务供给能力；搭建沟通合作平台，多元主体能够自由交换和共享信息，增强互惠互信以达成目标共识；建立弹性灵活的协同合作机制，让各主体发挥其优势特点，取长补短，提高服务合作绩效。除了推进各项专项法律的立法外，还可以激励促进各主体建立弹性的自我调节机制，保证目标追求和服务供给的一致性，规避合作互动中各种不利因素。

（二）社会化居家养老模式中多元主体的角色定位

为了迎合老年人多样化养老需要，应引导公共部门、私人部门、非正式部门与志愿部门等主体积极参与，合理定位各主体角色、划分责任边界，通过协同合作提高养老服务效能。政府作为公共权力的拥有者、公共资源的分配者、社会正义的实现者，承担养老服务供给责任理所应当。但是提供养老服务和生产养老服务有着本质区别，养老服务提供与生产职能不能合二为一，应合理区分提供者、生产者、消费者之间的关联与制约关系，明确养老服务的提供者与生产者的特点和差异，在此基础上对多元主体的职责权限进行划分。

1. 社会化居家养老服务的“提供”主体：政府

社会化居家养老服务“提供”是指居家养老服务供给中一系列行为选择的总称，包括是否提供某种居家养老服务、如何提供、何时提供以及提供的项目和数量等规定。按照这一定义养老服务的“提供者”理应是政府，政府是公共服务供给的首要责任主体，扮演“元治理者”角色，“提供”服务而不“递送”服务。政府保留包括付费、安排、管理等职能，承担政策制度设计、养老资源整合、部门利益协调、弱势群体兜底的责任，居家养老服务的直接生产职能转移至其他主体，运用政策工具与服务承接者形成协同合作关系，将社会养老资源与市场竞争机制引入居家养老服务的供给中。政府直接生产养老服务的功能虽然大为缩减，但对服务生产者的绩效评估与监督管理责任却持续增加。相对于之前由上而下的领导与控制型供给方式，平等互动式沟通与契约性方式更能促使居家养老服务的生产者按照设定的政策目标展开行动。

2. 社会化居家养老服务的主要“生产”主体：家庭、市场与社会

社会化居家养老服务的“生产者”，是指将各种有形（资金和设备等）和无形（制度和政策）的资源转化为产品和服务，或者直接向消费者递送服务的主体。按照福利多元主义理论，以“分权”与“参与”为前提，居家养老服务的“生产”职能交由政府之外的多元主体完成效率更高。首先，家庭是老年人的主要生活场所，家庭成员在照料护理与精神慰藉方面有着其他主体无法比拟的优越性。这种建立在血缘亲情基础上的自然、无偿、潜在的亲情供养方式是居家养老的首道防线。其次，私人部门以高质量、高效率立足，具有灵活性、创新性与敏锐性的特征，可通过竞争与价格因素扩充服务项目内容，满足高层次、高要求、个性化的养老需求。再次，NGO 已成为居家养老服务的中坚力量，其独立性、非营利、志愿性等特性能够有效弥补政府、市场、家庭供给失灵问题，成为居家养老服务最常见的外部支持力和政府购买服务的主要合作伙伴。最后，社区是整个协同供给网络的中心枢纽，是供需信息交互平台。社区通过整合供需双方信息，建立居家养老实时信息交换平台，可对居家老人进行及时、高效的服务给予信息传递。

（三）社会化居家养老模式中多元主体的职责权限划分

社会化居家养老模式中供给主体设计的最关键部分是划分相关主体的职责权限范围，让其各归其位、各司其职，实现对居家养老服务供给的有效参与。

1. 政府的职责权限

一是政策制度设计者。作为公共政策的制定者和执行者、政府应充分

参考居家老人养老意愿、收集其服务需求，根据服务供给现状研究制定居家养老服务整体发展规划，并在政策实施过程中不断完善和修正。中央、地方政府间须划定责任边界，各个执行部门间要加强协商合作，明确养老服务供给的战略目标和根本任务，通过制定相关政策和具体实施细则，建立完善的政策配套体系。除社会化居家养老模式运行规则之外，推出相关支持政策和激励措施，促进服务生产主体的完善和成熟，提高服务的供给质量也十分重要。当然，激励措施要与立法手段相结合，维护居家老人的合法权益，保障居家养老服务主体具有良好的发展空间。

二是养老资源的供给者。居家养老服务的提供离不开人力、物力、财力的有效支持。政府作为公共资源的分配者，可以通过优先供地、税费优惠、资金补贴、信贷支持、开放市场等扶持和分配措施，引导社会资本参与兴办多种类型居家养老服务机构、设施场所。除补贴供给方外，还可向老年人发放服务券来补贴需求方，指定服务兑换机构，利用“用脚投票”的方式扩大老年人的选择权，促进多元主体良性竞争、不断发展和创新。除此之外，完善养老服务队伍的培养、考核机制，提高服务人员的福利待遇，加强居家养老服务人力资源方面的建设，吸引各类专业人才加入提供高质量养老服务。

三是养老服务的监管者。政府在利益配置上的过度规制抑或放任规制，均不能实现利益均衡配置及促进社会正义。能促型角色定位下，政府直接生产养老服务的职能大为减少，而养老服务监管方面的责任却不断增加。首先，在同体监管方面，加强上级政府对下级政府和部门相关政策、制度的执行、落实的监督和问责，确保居家养老规划顺利推进。其次，就异体监管来说，细化相关管理条例，建立专门的监管机构，采取定期现场调查、随机抽查等方式，监测服务机构的资金筹集使用、人员设施配备、服务价格、项目、过程和绩效等，利用完备的监管体系，保障居家养老服务质量。

四是弱势群体服务的兜底者。维护社会公平正义为公共行政的主要价值目标，政府部门在弱势群体社会支持和社会保护网络中居于核心地位，应主动承担起“三无”、“五保”、低收入、残疾、失独等弱势老年人的养老责任。除现金给付外要针对性地加大实物（服务）给付力度。明确公办养老机构在“三无”老人救助服务中的主体地位，完善监管制度防止公办养老机构为追求盈利和防范风险将“三无”老人拒之门外。另外，政府部门可以采取购买服务的方式和非政府组织合作，为“三无”老人、低收入老人和困难失能、“空巢”、失独老人提供无偿或低偿的养老服务项目，满足其现实需要。

2. 社区的职责认定

社区是居民的自治组织，具有行政、自治的双重身份，既能满足社区成员的某些个性化诉求，又能从街道及政府部门获取资源，相比其他组织更容易获取政府部门的支持。老年人熟悉社区的生活环境，就地安老模式相比集中式养老模式更受老年人偏爱。根据社区的特点和优势，应增强其在养老服务供给过程中的作用。

一是信息交换平台功能。社区是居家养老服务供需对接的中心枢纽，通过建立社区信息网络平台，国家的养老政策和优惠措施可通过社区向老年群体传达，市场化组织、NGO的服务资源、优势项目、绩效评价信息也可在这里整合公布。社区贴近居民使其能方便快捷地收集辖区内老年人及其家庭的相关信息，准确把握居家老人的养老需要，判断居家老人的照料等级与服务获取资格，因而社区可根据老年人资格评审制度设计服务供给规划。社区为服务供给者供需方之间搭建了沟通桥梁，成为居家养老服务的中介和合作媒介。

二是资源整合功能。社区在建立信息交互平台的同时，还应整合、利用、挖掘各种养老资源，完善社区居家养老服务系统。社区可利用自身优势，引导多元主体基于互惠共赢达成目标共识，多渠道融资健全就地安老设施。倡导积极老龄化和健康老龄化，吸引专业社工组织加入，强化社区居民的志愿精神，激励更多志愿者和低龄老人参与到自助、互助为老服务活动中来，为社区内的困难“空巢”、失能和高龄老人提供综合照护服务。

三是兴建社区照护设施提供养老服务。就地安老模式不仅能帮助老年人摆脱社会隔离感，获取精神满足，而且能有效减轻家庭照顾者的身心压力，促进家庭代际和谐，成为居家养老服务的发展常态。依托社区服务中心为老年人提供内容全面、方式多样的养老服务项目，能够迎合老人多样化的生活和照护需求。除了健康保健教育、文体娱乐活动、心理咨询辅导、营养伙食供给之外，在社区内建设日间照料中心和康复训练中心，为更多失能老人提供便捷的照料护理和康复服务是当务之急。

3. 社会组织的职责范围

社会化居家养老服务供给中，最直接、最专业、生产能力最强的服务主体当数社会组织，其包括市场化组织和非营利组织，是居家养老服务最主要的递送主体。

一是非营利组织。非营利组织具有的民间性和志愿性使其更容易获得老年群体与政府部门的支持信任，非营利和公益性使其与公共服务公平正义供给目标一致，成为居家养老服务的主要参与主体。非营利组织承担两个重要职责：①居家养老服务的直接供给者。非营利组织拥有专业的养老服务队伍、精细的服务内容、人文主义的行为目标，在服务的专业化和多样化上更胜一筹，是政府购买服务的主要合作对象。当然，除了接受政府委托外还可以自主经营，提供价格适中的养老服务项目。②养老服务“第三方评估”者。非营利评估组织作为超脱于服务供给者和服务对象的中立第三方，对服务效果的专业评价，易被多方认可和接受，有效监督政府职责的履行，客观评价生产主体的服务质量，保障了养老服务水平。

二是市场化组织。竞争性市场化组织参与居家养老服务供给有助于弥补非营利组织、家庭养老服务的不足，拓展服务供给内容，满足老年人高层次的、高质量、个性化的服务需求，提高服务效率和老年的满意度。市场化组织的供给责任表现为：①直接生产养老服务，指政府通过公开招标和遴选程序向服务质量好、信誉佳、管理水平高的市场化组织购买服务为老年人提供低偿服务项目；或是探求市场需求针对某些收入水平较高的老年群体，满足其多元化、高层次的服务需要，直接供给的有偿服务内容。②探索创新养老服务项目和养老产业。市场具有灵活性、创新性和灵敏性，能够推动养老服务的项目开发和升级改造。例如，市场利用自身优势，研制智慧养老产品，探索智慧养老方式，促进了养老服务市场的繁荣和发展。

4. 家庭的职责范围

家庭的服务保底功能和情感偏向让其成为居家养老服务供给中最基础的力量。公共服务体系的日益完善不能抹杀家庭照料的作用，即使是社会福利十分完善的德国也有69%人选择在家中接受长期护理服务，服务的照料者大多为家庭成员。受儒家文化的熏陶和影响，我国传统家庭照护文化根深蒂固。基于血缘关系，带有强烈自愿性和责任感的家庭递送方式保障了服务的及时性。家庭成员彼此信任、配合默契，舒适的照护氛围有助于老年人精神满足，同时这种方式减轻了政府公共服务压力，推进了健康老龄化的发展。因此，家庭照护仍是居家养老服务发展的主旋律，是推进中国特色福利文化和福利政策建设的根基。当老年人因年老体衰、残疾失能陷入经济困境之时，家庭成为其抵御风险、提供照护的首道防线，子女在能力范围内为老年父母提供各种养老支持不仅是法律规定的责任义务要求，也与社会伦理规范相一致。

二、多元协同：社会化居家养老服务模式的架构设计

从各地居家养老服务供给实践来看，由于各服务主体之间权责模糊致使养老服务供给呈现碎片化特征，缺乏衔接性和联动性。因此，为了配合多元化主体设计，必须创新服务供给架构，刷新我国社会化居家养老模式，以多元主体协同供给代替单一主体碎片化供给模式。

（一）社会化居家养老服务多元协同供给架构的设计依据

1. “单一碎片式”供给架构的问题

目前我国居家养老服务供给架构明显呈“单一碎片化”的特征。在这种架构下，居家养老服务推进中政府作用大，即使一些地区政府与市场、社会有成功合作的案例，但因购买服务行为内部化问题导致市场与社会组织参与的积极性不高。政府与私人部门、非正式部门、志愿部门之间理想

化的合作网络关系没有完全建立起来，不仅服务“提供者”与“生产者”之间，居家养老服务的各生产主体之间也缺少信息交流与沟通合作、“各自为政”，让居家养老服务供给衔接性差，呈现“碎片化”特点。这种供给架构下居家老人多样化、多层次服务需求往往不能得到及时回应；城乡、区域间服务非均等化也很严重；各服务主体间缺少合作意识，养老服务供给内容仅由服务生产者决定，存在服务内容单一，效率较低，灵活性、契合性和连接性不足等问题。

2. 多元主体协同供给架构的优势

按照学者 Ansell 与 Gash 对协同治理的定义：协同治理是单一或多个公共机构与非国家部门利害关系人以达成共识为目的，在集体决策的过程中以正式协商或直接对话的方式制定或执行公共政策。就是说协同治理是来自公共和私人部门的多方行动者一起制定、执行和管理规则，为共同面对的挑战提供长期解决方案的过程。在笔者看来，社会化居家养老服务的协同供给就是多元主体通过职能分工提高服务供给效能，基于信任、协商、对话、契约制定居家养老服务的供给规则、供给方式、供给内容，通过合作的形式实现服务的递送。

当一个以上的主体活跃在公共服务领域时，就会产生协同的需求。在社会化居家养老服务体系中，除了家庭之外还有政府、市场、社会三方力量可承担服务责任。多元主体的优势汇集，形成复合式的养老服务供给模式是解决养老困境的有效方案。戴维·奥斯本和特德·盖布勒对不同主体的优势领域进行了区分：公营部门适合政策管理和实行公平的领域；私营部门则在追求效率的领域往往有上佳表现；而第三部门则在不太能产生利润的领域表现出优势。及时有效、高质量的养老服务供给需要各主体相互合作，优势互补，从而形成协同治理的互动关系。这种协同治理是指主体间通过耦合、依存，风险共担、资源与能力互补从而达到行动的一致，促进养老服务目标的实现。多元主体协同供给相比之前的单一碎片化结构具有以下优势：①协同有助于发挥各服务主体的优势与专长，拾遗补阙、功能替代或协同增效，在协同合作的基础上，多元主体在不同领域发挥自身优势，既控制了养老成本又提高了供给效率。②激发服务供给项目的创新。协同的内涵不仅包括合作还包括竞争，多元主体协同供给就是要主体在居家养老服务供给领域中通过信息交换、沟通合作，增长彼此的竞争意识，及时了解消费者需求，从而激发服务项目创新的主动性。③协同供给网络能够强化各子系统间的衔接与契合。碎片化的服务供给模式使服务获取呈现单一、凌乱、孤立的特征，各服务主体一旦陷入供给失败就会导致服务终止。协同供给机制能够在单一主体服务功能失效时迅速组织其他主体跟进弥补，增强了居家养老服务各子系统之间的有效衔接。

（二）社会化居家养老服务多元协同供给架构的构成要素

多元协同治理是为了实现共同的价值目标，由公共部门发起，与包括私人机构或个人在内的多方行动者一起，制定、执行和管理规则，共同应对挑战提出解决方案的过程。这是一种全新的政策分析工具，包含协同主体、协同规则、协同工具与协同供给内容，是社会化居家养老多元协同供给架构的主要构成要素。

1. 社会化居家养老服务协同供给的主体设计

综上所述，在社会化居家养老服务供给中，各主体拥有各自不同的优势领域，没有一个主体能够独自承担所有类型的服务供给，居家养老服务供给呈现多元组合、嵌入衔接的发展趋势。这就要求我们必须对政府、社区、家庭与民间组织在协同供给网络中的角色进行认定，具体为：①政府，协同供给的发起者、协调者与维护者。政府是公共权力的执掌者、公共资源的分配者、承担着公共服务的实现责任，面对老年人全方位综合性服务需要，政府必须适时适量转移自身的生产职能，并扮演协同供给服务的发起者、维护者角色。另外，有各自的利益诉求服务承接者之间难免发生冲突与矛盾，由掌握行政权力的政府进行矛盾协调，更具说服力。②社区，协同供给的中心枢纽与信息交换平台。社区是整个协同供给网络的中心枢纽，是供需信息的交汇与交换平台，不仅为居家养老服务的生产者与消费者之间搭建了沟通交流媒介，还是服务“提供者”与“生产者”之间协同合作的中介。③家庭，协同供给服务的基本主体和应然对象。家庭养老这种建立在血缘亲情基础上的自然、无偿、潜在的养老供给方式是居家养老的首道防线。由于家庭代际支持失衡加重，作为服务主体的家庭照料者也应成为服务供给对象。④社会组织，协同供给网络中最主要的服务承接者。社会组织参与居家养老服务供给并成为主要承接者能够有效满足当代社会多元化的养老需要。我国社会化居家养老服务多元协同供给下的服务设施及服务内容见表 8-1。

表 8-1 我国社会化居家养老服务多元协同供给下的服务设施及服务内容

组织/设施分类	协同合作主体	服务对象	服务内容
居家养老服务组织或机构	政府、社区、非营利组织、营利组织、志愿者、家庭、卫生服务站	60 岁以上，符合照护资格认定的老人	上门进行日常生活照料、护理、康复服务
短期入住、日间照料机构	政府、社区、非营利组织、营利组织、志愿者、家庭	60 岁以上，符合照护资格认定的老人	日常生活照料、简单医疗护理
社区护理院	政府、社区、卫生服务站、营利组织、家庭	60 岁以上，中度和重度护理层级老人	医疗、护理康复服务
老年活动中心	社区、政府相关部门、学校和辖区内企事业单位	60 岁以上老人	精神、文化、娱乐等活动

资料来源：笔者整理。

2. 社会化居家养老服务多元协同供给的规则设计

由于居家照护服务占据了最多的养老资源，为了确保有限的养老资源得到合理、高效利用，实现养老服务供给公平，必须建立老年人资格评审制度，针对性地提供服务内容。根据居家老人的收入水平、照护级别、家庭赡养能力对其进行分类，多元主体根据不同类型老人协同供给不同的养老服务项目。另外，由于资格评审指标不断变化，资格认定主体要及时根据指标变动调整老年人照护级别与服务内容。推进资格评审制度顺利执行首先要明确相关管理机构，可以指定民政部门承担主要监管规划责任，具体管理实务的落实委托社区承担。老年人资格评审主要包括以下内容。

首先，老年人收入水平与家庭赡养能力认定。要获取居家养老服务的老年人需要先在社区居家养老实时管理平台提出申请，社区在一定范围内与公安、民政、卫生、人事等部门实现信息共享，对居家老人进行入户与走访调查，判定老年人是否属于社会救助与政府购买服务对象。其次，照护级别判定。社区协同医疗卫生机构或专业第三方组织对提出照护申请的老人，根据老年人日常生活自理能力（ADL）指标，判定其应归属轻度、中度或重度护理等级，再根据护理等级不同提供内容不同的养老服务。最后，社区通过实时信息交换平台，随时掌握老人的护理、康复状况，更新老人的护理等级，并结合医疗、康复专家的评估意见实现老人在照护体系内的正常流动及服务衔接，以达到节省照护资源的目的。社会化居家养老服务多元协同供给模式如图 8-1 所示。

3. 社会化居家养老服务多元协同供给的内容设计

现阶段老年人的养老服务需求呈现多样化、个性化、多层次特征，根据养老服务需求项目和多元主体供给方式的不同，居家养老服务内容大致可分为日常照料与生活保障服务、健康保健与护理康复服务、精神文化与社会参与服务、人身意外与安全防护服务四部分。

日常照料是老年人最基本的养老需求项目。老年人的日常生活照料服务因实施地点不同分为上门服务和设施服务两种。上门服务指服务人员上门为有需要的老人提供与衣、食、住、行相关的各项服务内容，如家政服务、配餐、送餐服务、保洁服务、修饰服务、租车服务、购物服务、代办业务服务、助老服务等。不同于大型规模化、集中化的养老机构，设施服务作为居家养老的补充，是为了照顾孤寡、“空巢”、失能或半失能老人无法实现家庭养老或家庭照料能力不足，回应老年群体的普遍性需求而设立的建设于社区内规模小、成本低、设计较为灵活的养老设施。根据功能专业的不同分为社区日间照料中心、托老院、老人家政服务中心、老年养护院等。这些服务设施的建设不仅满足了老年人的日常照料需求，还在一定程度上减轻了家庭照料者的压力，促进了代际融合。

生活保障服务主要包括收入保障、住房保障、照护保障等，为老年人编织了一张社会安全网，保障老年人的基本生活需要。其中，收入保障主要以社会养老保险为基础，使老年人具有持续稳定的收入来源以维持正常

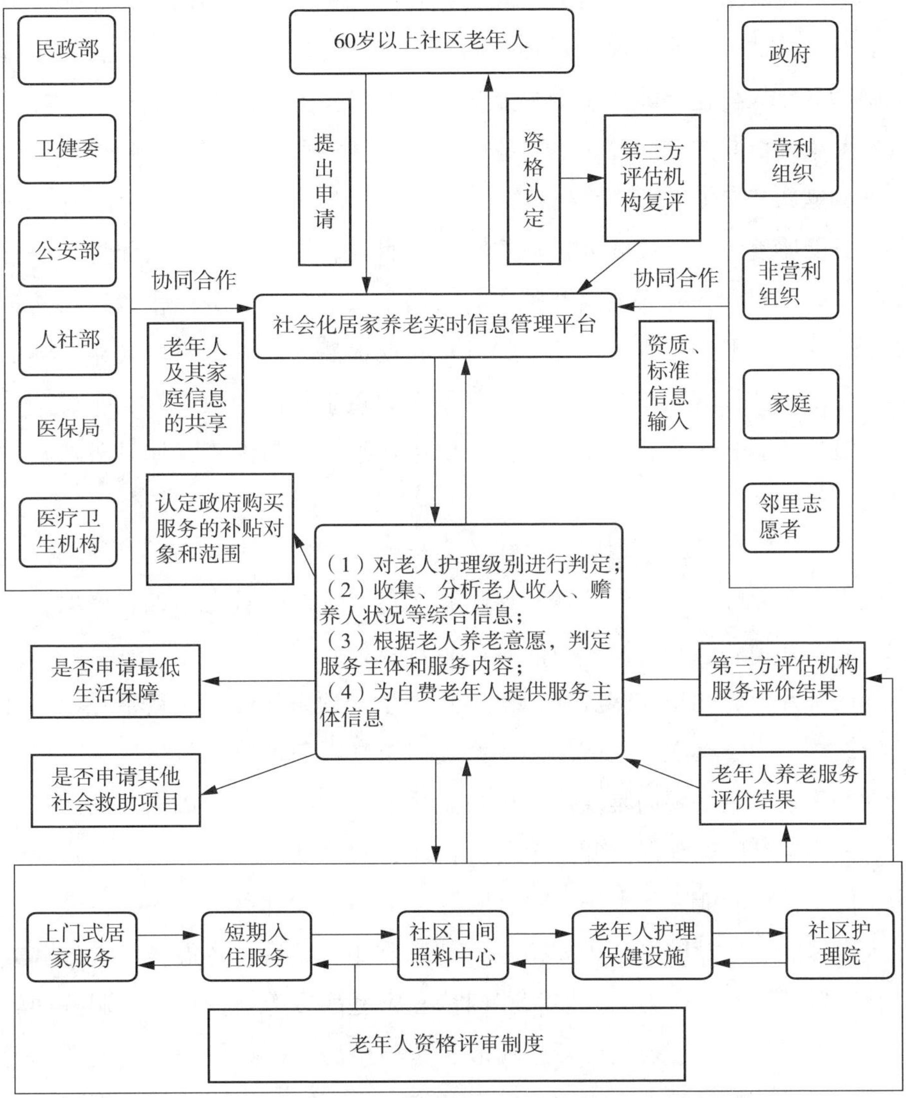

图 8-1　社会化居家养老服务多元协同供给模式的实现流程

资料来源：作者整理。

生活。为了合理利用老年人力资源，达成积极老龄化目标，政府、社会、市场可以协同合作，充分挖掘各种就业资源，开发适合老年人的工作岗位，提高老年人收入水平。除了收入保障外，安度晚年还需有一个合适的庇护所，尤其在遭遇特殊情况或者面临危机之时，为老年人提供援助并保障其老有所居十分重要，援助方式包括住房补贴、减免共居子女个税、安排居所等。此外，照护保障是必备项目，依托兜底性照护津贴、长期护理保险和老年人权益保障法帮助失能老人实现老有所养、老有所依。

健康保健与护理康复是老年群体最为关注的服务内容，包括健康保健咨询、健康检查、健康疗养、协助服药、输液观察与照护、中医养生服务、机能康复训练、认知症护理等项目。目前，居家老人健康保健与护理康复服务主要由各社区卫生服务中心及其下设的卫生服务站供给。虽然近年来社区医疗卫生服务有了长足的进步，但仍然不能满足不同老年群体的多元化需求。社区医疗康复机构不仅要在数量上扩大，更要夯实基础，使社区医疗的服务内容、规模、方式、质量水平都能与老年群体日益增长的需要相匹配。

首先，社区医疗卫生服务对相关人员的专业性要求较高，必须加强全科医生、康复师和护士的培养，保障其经过系统医学教育培训，确保其医德高尚、知识和经验丰富、技能全面，具备独立工作能力。只有掌握系统全面的医疗保障知识才能胜任基本医疗卫生、预防保健，康复治疗、慢性病追踪等工作。其次，社区的医疗保健与康复服务不仅仅包括事后的疾病治疗和康复，更重要的是疾病的预防。这就需要医疗卫生机构开展形式多样、内容丰富的医疗保健知识宣传、讲座，提升老年人营养搭配、疾病预防、健康保健的能力与意识，并针对老年群体定期开展健康检查，建立老年人身体和心理健康电子档案，进行健康监测。最后，考虑老年人患病或身体限制等因素，应大力开展家庭门诊和家庭病床等上门服务，服务内容包括定期身体检查、疾病确诊、输液、送药换药、跟踪护理、定期巡诊等项目。此外，加强社区卫生服务中心和综合性医院的合作对接，保障老年人突发疾病或罹患疑难杂症时能得到及时治疗；建设社区老人护理院和老年人康复中心，为患有慢性疾病、半失能、失能老人提供治疗、护理、康复和临终关怀等一体化服务。

老年人文化娱乐与心理慰藉服务是其最高层次的养老需求，是老有所为、老有所乐、老有所学的集中体现，也是需求增长最快同时最容易被忽视的服务项目。老人文化娱乐与心理慰藉内容十分丰富，主要包括以下三个方面：①学习型需求，包括医疗保健、书法、棋牌、手工、绘画、英语、计算机等知识的获取。可通过兴办老年学校、图书室或学习班，开展知识讲座来实现，达到老有所学、丰富业余生活的目的。②文娱型需求，包括跳舞、唱歌、诗歌朗诵、戏曲表演、茶话会等项目，社区相关部门和专业机构可协作定期举办文娱活动，召集老年人特别是独居老人召集，帮助其排遣寂寞、增强自信。③慰藉型需求，包括电话问候、上门慰问、聊天沟通、情绪疏导、心理咨询、危机干预等。由专业人员提供针对性的心理慰藉服务，可消除老年人孤独感、无助感和隔离感，让其保持良好心态，学会自我疏导、放松，增强交流沟通意识，以防做出过激行为。文化娱乐与心理慰藉活动的开展，不仅可帮助老人排遣晚年寂寞、减少脆弱感，还有助于增强老人的社会参与意识。

随着身体机能衰退、记忆力减退、慢性疾病困扰，老年人日常生活中很容易发生一些意外事件，如跌倒、疾病发作、噎食、自伤、走失等。“空巢”老人特别是独居老人没有成年子女看护，一旦发生意外，易错失最佳援救时间。近年来，智慧养老产业迅猛发展，智慧养老产品不断推出，为解决上述问题提供了新的契机，依托互联网、区块链、移动网络、物联网，实现老人和家人、老人和社区、老年人与家庭医生的有效链接，建立居家老人监测保护系统，一旦意外事故发生，可及时触发、及时救援，保障老人的健康与安全。此外，由于老年人防范意识降低、分析能力下降、知识更新速度较慢、身体机能减弱，还会遭遇各种安全性危险：如一些不法分子通过“体验营销”“洗脑营销”“电信诈骗”等手段骗取老年人钱财，严重损害了老年人财产安全；遭受家人或照料者身体虐待、精神虐待、经济剥削等，给老年人身心带来极大伤害，甚至导致老年人轻生。保护老年人人身财产安全，需要多主体合作，建立协同联动机制，可通过聘请专家在社区开展普法维权教育、设立老年人投诉热线、为老年人提供法律援助、加大对虐待老人行为的惩罚力度、充分发挥社会工作者作用，加强心理疏导和精神慰藉等，提升老年人人身安全防范与干预能力，切实维护老年人的合法权益。

4. 社会化居家养老服务多元协同供给的政策工具

所谓工具，是指主体为实现特定目标或履行特定职责所采取的技术、措施、机制、方法、策略与手段等。根据政府的参与程度与力度，可将养老服务政策工具分为强制型政策工具、复合型政策工具和自愿型政策工具。其中强制型政策工具包括管制、直接供给等，复合型政策工具包括补贴、分权与授权、用者付费、合同外包、合作伙伴等，而自愿型政策工具包括激励与完善个人、家庭、社区、志愿组织、私人市场自主提供居家养老服务。由于政府角色分离，使得以往以强制性工具为代表的第一代治理工具已被激励工具、沟通及契约工具等第二代治理工具取而代之。也就是说过去政府部门自上而下发布的强制性行政命令作为主要管理与控制手段的方式已不被普遍使用，如今更多地采用沟通、激励或契约、惩罚机制，使得协同合作的伙伴或服务承接者朝着政府部门期望的政策目标行动。

根据“公私合办福利”的实践经验，政府部门与营利组织、非营利组织或者个人建立协同合作伙伴关系的途径多种多样。近年来，中国借鉴较多的采用“民办公助”、“公办民营”、“公私合办”、政府购买服务、凭单制（直补消费者）等形式。通过这些方式激励营利与非营利组织积极参与社会化居家养老服务的供给，减轻政府部门的服务生产重担，提高服务质量。从目前各地政府对政策工具的选择来看，政府购买服务方式运用频率越来越高。需要注意的是政府购买服务要重视完善购买规则，扩大服务承接者范围，建立公平、公正、有序的竞争机制，尽可能保障居家养老服务承接者的独立性。

（三）社会化居家养老服务多元协同供给网络设计

1. 社会化居家养老服务供给主体协同网络设计

根据社会化居家养老服务主体角色的不同，协同供给系统主要分为两个部分：一是同域协同，主要针对居家养老服务的“提供者”——政府及其附属或衍生机构内部或“生产者”内部构建的协同网络。二是跨域协同，指居家养老服务“提供者”与“生产者”之间建立的协同网络。

同域协同网络包括两类，即社会化居家养服务“提供者”内部达成的体制内制度化协同网络和“生产者”内部组成的市场化、契约化协同网络。其中，体制内制度化协同网络由于涉及主体共属同一体制，较易达成合作和共享，稳定性和持续性较强。保证体制内制度化协同网络主体——政府纵向部门与横向部门建立良好的合作关系，是整个社会化居家养老网络架构构建的基础。政府部门间的良性互动与合作是居家养老服务协同供给的“发动机”和“方向盘”，离开了“提供者”的协同与合作，居家养老服务的供给目标很难实现。目前，居家养老服务的推动主要由民政部门承担，但是居家养老服务设施建设与老年人服务需求最为集中的医疗护理服务由财政、土地、审计、卫健委等部门管理，且社会化居家养老信息管理平台的建立要与包括公安、医疗、卫生、民政等部门就居家老人及其照料者的生活状态进行信息整合。因此，相关部门间必须结成共享合作关系，形成真实有效的协同网络，制定协同合作规则，规范各方角色，风险共担、资源共享，实现效益集体共存。其中为增加地方政府信心，中央政府要进一步明确央地之间权责分界，并给予地方政府更多自主权，建立地方政府利益表达与平衡机制，加快信息协同机制的建设，完善政府部门间的协同网络，实现政策目标。各部门应该打破部门利益，借助智慧科技融入，合理运用绩效管理、预算、软法等工具，形成共信、共建、共治、共享、有序的协同机制。

市场内契约化协同下各供给主体追求的利益目标一致，市场激励下服务项目多样，专业性强、效率高。这种由社会化居家养老服务“生产者”组成的协同网络的构建基础是信任沟通机制的建立。在此基础上，各个生产者之间就其基础设施建设、优势项目、消费者信息收集、发展创新等信息进行交流与沟通，同时在风险共担的基础上共同规划决策、合作经营并协作创新居家养老服务项目。协同合作能够有效节约服务成本，提高服务效率。

跨域协同网络的建立是政府部门与私人部门、志愿部门、非正式部门之间广泛协同关系的构建过程。这种协同网络有效运行的前提是构建独立平等、相互依赖、共生共存的协作环境，建立共识、共信和共商的协同制度基础，引导共建、共享、共担、共监的协同行动，最终达到利益共享下的协同结果。但从目前的实践来看，政府与非政府部门在社会化居家养老服务供给过程中由于目标利益具有差异、信任机制不健全，协同关系的稳定性和可持续性较差，根据政策导向展开短期项目的合作较多，未能达到预期效果。政府部门是居家养老服务的主导者和提供者，为了促进多元主体建立广泛伙伴关系，政府部门自身“提供”与“生产”职能首先要明确分离，同时通过分权与放松管制、政策激励与扶持等措施促进生产者的自我发展与完善，并以平等沟通、交流合作的方式增强众多服务生产主体对居家养老服务的承接热情，使私人部门、志愿部门与非正式部门能够根据自身优势各司其职。政府部门与服务生产者之间的协同合作建立在互惠互信、利益协调、风险共担的基础上，通过购买服务、契约外包、特许经营等方式得以实现。跨域协同网络中多元主体以居家老人需求为导向，根据养老服务项目、消费群体、供给方式的不同开展互惠协作，有针对性地提供不同组合的养老服务内容。当然，居家养老服务生产职能让渡的同时，必须促进政府监管职能的提升与加强。另外，服务生产者也要提高与政府部门沟通、交流与合作的艺术，积极协助、配合政府部门，才能获得政府部门的理解、信任和支持。

2. 多元主体的协同信任机制设计

为了保证多元主体上下互动协同供给的网络交互过程顺利进行，必须建立多元主体协同信任机制，具体如下。

一是信息与资源共享机制。多元主体间的信息沟通和资源共享是居家养老服务协同供给的重要保障。信息共享是多元养老主体在服务供给过程中通过互动、沟通、合作，整合已有信息形成新信息并扩散到整个供给网络，为其他主体利用、吸收、参考，推动整个养老服务供给发展、提高服务质量和效率的过程。信息沟通与交流渠道是否畅通决定了各服务主体之间的思想和行为能否达成一致和默契，达成共同利益的耦合，缺乏足够的信息共享就不会有真正意义上的协同。信息共享的内容应包括“三无”老人、失独老人、“空巢”老人、失能老人等服务对象的家庭状况、健康情况、收入信息等。除此之外，还应涵盖多元主体供给内容、专业人才、优势项目、设施配备等各项服务信息的披露。由于一些养老主体存在竞争关系，即使在利益目标一致性的前提下往往也倾向于隐藏信息，这就需要政府部门充分发挥“元治理者”职能，出台奖惩措施有效引导，监督多元主体合理、合法、合规使用相关信息，构建信息价值评估体系和补偿机制，合理分配信息共享收益。

除了信息资源之外，养老资源还涉及设施、场所、人员等，这些资源在多大程度上实现了交换利用，决定了养老服务各主体间的分享程度。资源共享是主体之间信任合作的前提条件，只有通过共享机制才能充分调动闲置资源，进而提高资源利用效率。政府购买服务就是养老主体实现资源共享的一个重要方式，政府部门通过公开招标和资格审核实现政府和社会组织间的信息共享和交换，两者的优势特点在合作供给中得到充分发挥，提高了设施、场所、人员等养老资源的利用率。

二是信任机制。信任政治、经济、社会活动中起到调节各方关系的润滑剂作用。信任是除政府与市场之外，影响社会秩序的第三个基础性要素。信任唯有在行动者认定其对于他人信任的收益会超过不信任的收益时才会发生。这种相信和预期由托信人的信任倾向和受信任的可信度决定，也就是说信任只会在一个诚实合作的群体中产生，依赖于人们共同遵守的规则和群体成员的素质。

多元养老主体间要保持持续的协同合作，就必须建立稳定的信任关系。社会信任关系受最初“信任感”和“归依感”的“集体意识”影响，“集体意识”中对增强多元主体影响最为深远的无外乎传统伦理道德的价值认同。传统社会局限于熟人对象的信任机制遭遇现代社会文化冲击后，以诚信伦理为特征的信任根基慢慢消解，而以法制、契约、理性为特征的现代信任体系构建成为趋势。这就要求多元主体的协同供给要以利益平衡、资源共享为前提，基于善意、互惠互助订立合法契约，建立多元主体协同信任机制保障合作的有效性和可持续性。具体为：①制度信任机制。以制度为基础的信任依赖于正式的制度安排，信任因其非人格化而具有更广泛的约束力。可以通过制定法律规范建立制度化的信息沟通和资源共享平台，明确契约的合法缔约过程，提高违约成本，增强法律问责、第三方绩效评价和监督惩罚机制的合法效力促进各方信任关系的构建。②过程信任机制。过程信任是建立在存在性预期基础上的，这种信任来自互助互惠交往过程中的经验积累，通过主体长期关系资本的累积，促进其在维护商誉、名誉过程中的道德自律以增加诚信行为，推动信任关系稳定发展。③特征信任机制。这种基于社会文化基础建立在当然性预期上的信任，源自契约双方共享的团体文化、社会风俗和伦理规范。这就要求我们推动形成诚实守信的社会风气，在吸收传统文化伦理精华的基础上，以增强诚信文化为重点，加强全社会道德规范建设，促进基于相互理解的人格信任。各种信任机制的有效运行，有助于确立与稳定多元主体的信任关系，增加协同供给居家养老服务的效能。

三是协商调解机制。多元主体来自不同的利益团体，“经济人”的特性让其在追求利益耦合的同时，更加关注自身利益的满足。这造成各方在关系确立和动态互动过程中不可避免因利益分配、资源配置、风险承担等产生冲突和目标分离，从而阻碍整个协同供给的持续稳定和效应实现。因此，为增强多元主体协同合作，必须建立良好的协商调解机制，及时化解矛盾冲突，规制各方行为。

各主体基于自身诉求和优势资源以会议的形式围绕养老服务的供给交换意见，明确各自的职责和权限范围、协同合作方式和规则、资源利益分配，在平等协商的前提下达成一致。参与主体可以建立协商调解委员会，就各方利益趋同、风险承担等问题按照契约协议和相关规则及时沟通协调。由于组织之间的合作有时是为了符合来自更权威机构的要求，在协同合作过程中要赋予政府调解者和仲裁者角色，在居家养老服务供给出现严重干扰、原有信任关系受到影响时，政府可以出面协调甚至将不遵守协商规则的参与者“踢出局”。另外，社区组织也是一个很好的协商调解组织，它不但熟悉各参与主体的优势领域和利益诉求，还对服务对象及其家庭状况十分了解。当多元主体间出现冲突矛盾时，社区可以参考服务对象的养老需求，利用自身丰富的信息资源，本着互惠互助原则，灵活、快捷地化解纠纷，平衡利益矛盾，满足双方心理预期。

三、多元治理：社会化居家养老模式的运行机制

为了保障养老服务顺利推进，可基于多元治理视角设计社会化居家养老模式的运行机制。从文化与制度两个层面对多元主体进行激励与支持，赋予其应然权力，以提升各主体的服务参与意愿。建立社会资源整合机制，深挖社会潜在的养老资源，有效提高多元主体居家养老服务的供给效能。任何组织与机构的服务供给必须以健全的绩效评价与监督管理为保障，包括政府、消费群体、第三方组织在内的多维监管评价机制的构建显得十分重要。

（一）文化与制度激励机制

1. 社会化居家养老的文化性激励机制

文化作为社会的调适系统，发挥着社会控制和调节作用。长期以来，尊老、敬老、爱老、助老为内容的孝道文化是中国社会的一种道德理念，它确立了居家养老的思想基础、行为准则，激励着家庭与社会成员自发、自愿地践行助老行动。然而，随着经济社会发展，传统孝道文化受到强烈冲击，对人们的道德约束力和规范引导作用日渐减弱。因此，我们必须重新审视孝道与敬老文化的作用和意义，取其精华去其糟粕，努力维护和加强优良文化传统的传承与发扬。

一是开展孝道价值观教育，促进敬老文化传承。任何一种思想文化或道德理念要掌握于群众、转化为大众的行动，首先，要通过教育把这种思想文化内化为人们的内心信念。对孝道规范的教育传承必须从娃娃抓起，父母应重视孩子的孝道观念培养。父母是子女的第一任老师，对其人生观、价值观的树立发挥着重要作用。因此，在日常生活中父母要对子女进行孝道文化教育，培养其敬老孝亲的良好品格，以身作则通过自身的敬老、助老行为为子女做表率，让子女在潜移默化之中形成良好的孝道品质。其次，小学、中学及大学设立专门的教育课程，对青少年进行以孝道文化为核心的儒学教育。鼓励青少年参与家中或深入社区、福利机构进行

敬老孝亲的活动，社会、家庭、学校形成合力，传承优秀文化。

二是积极宣传倡导敬老文化，在社会中树立良好的助老风尚。整个社会开展尊老助老价值观的教育与宣传，作为社会主义精神文明建设的一项基本内容来抓，加强人们对敬老孝亲的认识和理解，切实使这一传统文化在新形势下得以发扬光大。首先，通过电视、广播、网络等主流媒体在全社会进行敬老文化的宣传和引导，让公民树立敬老孝老意识。其次，设立敬老日或敬老周，在全国范围开展敬老爱老活动，让尊老助老行为成为社会的主流风尚。利用重阳节或其他民俗节日让人们了解饱含孝道思想的传统风俗习惯，弘扬中华民族传统美德，推动敬老文化传承。

三是通过褒奖孝行与敬老模范，激励人们爱老助老行为。政府部门可以和众多企业合作，对孝行突出的子女和敬老助老模范人物进行表彰和资助。除了发放一定数额的敬老奖励金之外，还可在学习、劳动、就业、晋升等方面对其进行制度倾斜和支持；通过媒体对其行为进行宣传，加强孝道与敬老观在人们心目中的规范作用，激励更多团体与个人加入对居家老人的生活关怀、照料帮扶、精神慰藉等服务。

2. 社会化居家养老的制度性激励机制

一是对家庭照料者的制度性激励。首先，经济性支持。经济性支持是指对代际养老的老年人及其家庭采取的经济补贴、税收减免等措施。通过提高代际养老子女个人所得税减免金额和遗产继承份额，给予社会保障缴费认同，为家庭照料者发放慰劳金、慰问券，确保家庭照护的可持续性。开辟长期照料者就业绿色通道，开发适合照料者的就业形式，并在带薪休假等方面给予支持。对承担照料责任的子女或家庭创业给予启动资金优先贷款，低息或无息优惠，降低或免除各种管理费用或实行课税减免，保障照料者享有公正平等的工作权利。其次，住房支持。为了节约家庭养老的经济成本、时间成本、距离成本，应激发代际共居或就近居住意愿，此类家庭可以优先供给廉租房、降低商品房契税比例。对带着老人外出务工的子女特别是经济困难家庭当地政府应在住房安排上予以特殊照顾，减免租金或给予一定的现金补贴，激励子女代际养老意愿。最后，照料支持。开展医疗护理知识讲座和技能培训提升照料者护理能力；组织常规性心理疏导服务，排解照料者精神和心理压力；依托社区医疗服务站、日间照料中心等照护设施提供喘息服务、临时托老服务，让照料者得到暂时休整，缓解身心疲惫和精神压抑，促进家庭代际关系和睦。

二是对社区供给居家养老服务的制度性激励。社区是老年人长期居住的地方，由于老年人对社区周围环境和人员熟悉，生活更便利，老年人更愿意在社区内接受相应的养老服务。社区作为社会活动和社会交往的空间地域，具有信息资源整合功能、组织服务功能、促进人际感情交流功能、引导邻里互助功能。提升社区居家养老服务功能需要政府部门做好统筹设计规划，加大资金、人才支持力度，加快硬件设施建设，调动社会各方力量，多渠道筹集资金，提升社区供给居家养老服务能力。此外，社区承载着养老服务具体管理和供需信息对接职责，政府部门应秉承权力下放理念赋予社区更多财政自主权和行政独立性，完善社区养老保障机制，建立健全社区居家养老服务体系。

三是对社会组织供给居家养老服务的制度性激励。近年来，国家相继出台了多项优惠政策鼓励民营资本进入养老服务产业，但是由于相关政策多以通知和意见形式下发，缺乏法律强制力让政策执行遭遇困难。要增强民间资本对养老服务市场融资积极性，必须以立法形式完善政策制度和配套措施。可根据社会组织服务内容、服务层次、供给目标不同给予不同程度的信贷优惠、免税、税费减免、土地政策优惠、水电煤气费折扣等，并指定相关负责和受理机构，出台监督管理配套措施促使优惠政策落实到位。政策优惠重点应向中小规模、功能特定的社区养护院与护理院倾斜，对于高档养老机构应防止政府部门为追求预算最大化出现的内部效应，规定政府部门只管规划和市场监管，兴建与机构管理应完全交由民办企业按照市场规则自由选择。为了提供生产、递送多样化、高质量的居家养老服务，政府部门应保障社会组织特别是非营利组织和公立服务机构在发展中享有相同待遇与优惠政策，进而形成良好的互动关系，培养公平公正的市场竞争环境。

四是对养老服务专业化人才的培养与激励。首先，建立健全相应的劳动保障机制，保障和提升养老服务工作者各项福利待遇，增强其工作积极性和能动性，防止人才流失。通过舆论宣传加深人们对养老服务工作的正确认识，消除人们的偏见和误会，提高优秀人才的从业意愿。其次，加强养护人员的专业化培训力度。重视养老服务职业教育和培训，联合大中专高等院校，设立养老机构必需和急需的相关专业，扩大招生规模，建立校地合作培养机制，增加专业实训课程，提高学生综合实践能力。最后，加强专业服务人员的监管，建立严格的从业资格认证制度。政府部门可通过颁布居家养老服务机构设施的人员、设备及运营标准部门、老年养护院的人员、设备及运营标准、特别护理院的人员、设备及运营标准等行政规范，建立统一的养老服务人员资格认证制度，加强服务队伍的专业化、规范化管理。完善养护员、护士、医生、康复师、药剂师等技术人员的培训、考核、认证、上岗、签约制度和服务评价机制，全面提升从业人员的职业道德和专业素养。

（二）社会资源整合机制

社会化居家养老是需要大量人力、物力、财力投入的消费性领域，除了政府投入与家庭履责之外还需要社会与市场的积极参与，参与主体不仅包括营利与非营利组织，还包括行政企事业单位甚至社区居民。各种养老资源的有序汇集与有效整合，能够提升社会化居家养老服务的综合供给能力。

1. 建立社会化居家养老服务多元筹资机制

社会化居家养老服务的筹资途径不外乎以下三种方式：政府投资、市场融资及自愿供给。政府投资是指政府部门以强制性税收为手段扩充公共财政并以专项资金或转移支付的形式无偿支持公共服务建设。而市场融资则是利用政策引导和税收优惠鼓励民间资本根据市场需求供给养老服务或建设养老设施，市场供给采用有偿收费的方式，价格因组织运作是否以营利为目的、政府补贴程度的不同而不同。自愿供给是公民个人、单位、组织以自愿为基础，以社会捐赠、慈善活动或公益彩票等形式无偿或部分无偿地筹集资金，用于福利救助、设施建设或服务供给。

作为公共服务的主要内容之一——居家养老服务供给，政府部门虽有着不可推卸的责任，但仅靠政府部门远远不够，要引导更多社会资金投入设施建设和服务。为了增强民间资本参与养老服务市场的积极性，必须以立法形式完善相关激励政策和配套措施，指定相关管理机构，促使优惠政策落实到位。社会捐赠、慈善事业等自愿性供给也是社会化居家养老事业发展的主要资金来源。首先，社会福利彩票在发行之初已明确扶贫济困、救老助残的建设目标。由于居家养老服务的财政供给大多来源于地方财政支持和社会福利彩票资金，政府可通过逐渐增加福利彩票的发行量并设定特定比率，吸收社会闲散资金拓展居家养老服务资金来源，不仅可减轻政府公共财政压力还可提高养老服务质量。其次，慈善捐赠行为作为亲社会行为，是指无明确目的向有需要的人提供帮助或利益，增强其福利的行为。无论是企业还是个人的慈善捐赠行为，对扶贫、助残、助老维护社会稳定和谐都有重要意义。完善慈善捐赠的税收激励政策，在落实现有各种税费政策的基础上不断提高扣除限额，对于捐赠超过扣除限额的部分，应允许向后递延。除了税前扣除外，还可以采取税后抵免等办法激励社会捐赠行为，扩大慈善捐赠免税的组织范围，逐步简化退税程序，推动慈善捐赠向规范化、制度化转变。此外，建立统一系统的慈善捐赠法律监管体系，构建线上线下财务信息公开平台，保证慈善组织资金使用的公开与透明，增强公众对慈善捐赠的信任度，激励企业和公民的慈善捐赠热情。

2. 完善社会化居家养老服务社会组织参与机制

为了保障社会化居家养老服务供给效能，除了健全政府部门的养老服务供给职能、修补家庭照料功能外，还要挖掘社会养老资源，激发社会组织的参与积极性。社会化居家养老服务依托社会组织提供服务可以在以下几个方面进行探索：一是完善政府能促型作用，扭转社会组织发展要素不足的局面，给予社会组织足够的资金与土地支持，创造公平公正的发展环境，提升社会组织的服务能力并着力培育新的服务载体。大型社会组织可以在不同社区内设置运营养老服务组织孵化基地，贴近居家老人日常生活，及时、有效地加入社区居家养老服务中心的建构过程。以宁波市海曙区为例，目前36个居家养老服务站点引进了127家社会组织，包括老年教育培训协会、家政服务队、社区阳光义工服务队、社区知心队、书法协会、老年互助会为老人提供多样化服务内容，丰富居家老人的日常生活、解决老人生活中遇到的难题。二是规范居家养老服务组织的行业管理标准。进一步完善居家养老服务组织的设施建设、服务运营标准与监督管理体系。管理内容包括明确政府相关部门对服务组织的审批制度和优惠政策、执业登记管理制度、监督审查和年鉴制度。针对不同类别功能不同的服务组织或机构要根据需要制定建设标准、设施配备标准、专业性人员的种类和人数规定标准、服务内容以及责任范围等。通过对居家养老服务组织的合理规制保障服务质量，维护居家老人合法权益。三是引导社会组织建设多层次功能特定的居家养老服务设施。为了提高资源利用率，应在规范养老设施行业管理标准的前提下，建设日间照料中心、社区养护院、护理保健设施、社区护理院等功能定位明确的居家养老服务设施。根据老年人资格评审制度有针对性地为居家老人提供照料护理、医疗康复服务，防止养老资源浪费。四是依托社会组织提供多样性居家养老服务内容。社会组织的优势项目、发展目标本身就具有多元化特点，能够迎合居家老人多样化养老需要，提供的服务项目涵盖生活照料、医疗保健、文化娱乐、精神慰藉、心理咨询、法律援助、紧急救助等，涉及居家老人生活的各个方面。除了一对一付费型服务外，多方合力开展深受老年人欢迎的活动项目必不可少。关注居家老人的生活起居、精神娱乐到健康保健、社会融合，注重发掘老年人潜能并帮助其获得自我实现，让老有所学、老有所为、老有所乐成为可能。

3. 完善社会化居家养老服务邻里志愿者合作机制

要大力宣传邻里互助养老模式，培育社区居民的志愿精神，创建志愿者队伍，按照“就近、方便、自愿、关爱”原则，为老人特别是困难老人提供养老服务。邻里互助分为个别帮助和集体互助两种类别。个别帮助的互济互助一般呈现自发性、无序性，受帮扶者个人喜好和参与意愿的限制具有不稳定、临时性特点。集体互助具有组织性、持久性、有序性等优点，是邻里互助的主要实现方式。实现集体互助目标，建立邻里志愿服务合作机制可以从以下路径进行推进：一是确立组织机构。要及时、有针对性地为困难老人提供服务必须通过相关机构发起、组织、管理才能实现，社区、村委会和地区老龄办是最理想的承担者。它们熟悉社区状况，备受居民信任，通过宣传互助互惠理念，号召社区居民加入帮扶队伍，能为志愿服务活动持久、规范开展提供组织支撑和制度保障。二是培育志愿精神。所谓的志愿精神是指个人或者团体本着为他人或社会服务的宗旨，不计个人利益与回报，自愿贡献自身财富、知识、体力、技能的社会理念。志愿精神是志愿组织或志愿者开展志愿服务的宗旨、动力和伦理价值取向。志愿精神的培育能够增强社区居民无私奉献、平等友爱、互助合作的意识，营造有利于志愿服务特别是邻里互助开展的良好社会氛围。三是扩充邻里志愿队伍。本着发扬志愿精神为主，低偿给付为辅，精神奖励为主，物质奖励为辅的原则，提高居民对邻里互助意义的认识，增强居民社会责任感，发动社区居民、村民加入邻里互助队伍，重点鼓励有专长、有能力、有条件的居民积极参与。四是确定服务对象和服务内容。邻里互助对象多半是与家人居住在一起的失能、失智、子女伤残、低收入老人或失独老人，除了生活照料、保健护理、精神慰藉之外，也要增加针对家庭照料者的喘息服务、临时托老服务等。

（三）多维监管评估机制

要保证多元主体养老服务供给的质量和水平，就必须建立完善的监督管理体系和绩效评价机制。在我国，由于居家养老服务组织与机构运营方式各种各样、项目内容差距较大，服务市场运行欠规范、服务质量参差不齐。因此，如何完善政府对社会化居家养老服务供给的监督管理责任、建立科学的多方评价体系、规范养老服务供给过程和途径、提高养老服务质量成为当务之急。

1. 强化政府部门居家养老服务监管责任

政府部门把部分居家养老服务的生产职能转移给市场和社会承担并不意味着政府部门公共责任的推卸。市场的逐利性和过度商业化往往会导致垄断，致使公共利益受到损害，加之志愿失灵引发的供给无力，决定了政府部门要加大监管力度防止不公正、不公平现象发生。监管机制是确保政府部门责任落实到位的重要保障，没有严格的监管机制，必然会削弱各项政策的执行力。政府部门监管责任的强化可以从明确监管主体、确定监管内容等几个方面入手。

一是明确监管主体。《中华人民共和国老年人权益保障法》虽然规定县级以上政府老龄工作机构负责组织、协调、指导、督促有关部门做好老年人权益保障工作；相关国家部门、社会团体各司其职，做好老年人权益保障；社区、村委会和依法设立的老年组织应反映老年人需求，维护其合法权益。但是《中华人民共和国老年人权益保障法》没有明确指定养老服务具体的负责单位和相应的监管内容，更没有涉及强制性监管权力的设立与归属。因此，保障政府部门责任的有效履行必须明确养老服务监管的责任主体并赋予其相应职权才能整合各部门管理资源，督促相关组织履行职责。监管机构的设立应体现独立性、透明性和专业性，不受运行资金掣肘，独立行使监管和问责权，避免多头管理。原则上，我国应设立一个体制独立、权责明确的养老服务综合管理机构，可以指定民政部门负责监管履行，赋予其信息整合权、相关资源调动权、请求部门配合权等，让其负责居家养老服务机构的资格审批、服务质量标准化管理、财政资金利用审查等，卫健委、社区和村委会协助民政部门管理居家养老服务的运作和老年人、第三方机构绩效评估信息综合反馈等内容。

二是明确监管内容。①资格准入管理。就居家养老服务组织或机构的设立而言，民政部应联合其他相关部门根据《老年人建筑设计规范》《社会福利机构管理暂行办法》《民办非企业单位登记管理暂行条例》等规范，对居家养老服务设施与人员配备、资格条件、服务内容进行严格的准入性审核。②服务内容和价格监管。定期对相关居家养老服务组织或机构就服务质量、价格、设施建设、安全保障等进行管理和审核，受理公众投诉并及时做出回应，对不符合供给标准、违约、服务质量差等行为进行问责和处罚。③审计监管。联合税务、审计等部门，对享有财政补贴的养老机构和设施就资金使用、采购设备数量、程序、内容等方面进行审计与监管，根据质量评估和审计结果决定补贴和资金投入数额。④信息披露。建立老年人实时信息数据库，开发社会化居家养老管理软件，使社区或民政部门及时对政府购买服务对象进行资格评估。通过发布老年人需求信息和供给信息搭建社会化居家养老服务平台。除此之外，定期披露相关审查监管结果、老年人和第三方组织绩效评估结果。⑤问责机制。整合监管与评估结果，对不合格的组织、机构终止其服务供给资格，对执行不力或缺位的政府部门进行行政问责，并追究相关责任人的法律责任。

2. 建立老年群体服务效果评价机制

老年群体作为养老服务的受众目标、服务对象，是服务供给质量的最直接感受和体验者。因此，老年人作为消费方对养老服务水平和效果的评价具有直观、重要的参考价值，他们的评价和选择能够帮助服务主体发展运行管理、服务供给过程中存在的缺陷，有效推动组织间的良性竞争和发展完善。总体来说，老年人评价机制一般采取事中评价和事后评价两种形式，评价的内容涵盖机构设置、服务内容、机构管理、服务质量等。

就上门式居家养老服务而言，服务供给机构大多由物业组织、家政服务组织和医疗护理机构组成。服务内容为老年人选定的服务项目，因此评价内容较为简单。老年人可对上门服务人员的资格进行审核，如在服务供给过程中发现服务人员欠缺资质、服务态度和质量与要求差别太大则可随时报请社区监管机构终止服务。事后评价主要是对服务契约合同的履行状况进行满意度评价，老年人就其接受的家政打扫、洗衣做饭、访问入浴、医疗护理、保健康复等服务项目的质量、服务人员的态度、技术水平、收费标准等进行综合性打分。

对居家养老服务设施的评价相对来说比上门式服务范围更广也更为复杂，除了费用收取、服务内容的标准化程度、服务态度、服务技术水平之外，还应包括机构运行和管理水平、相关权益保护、安全保障、设施人员配备等内容。一般采用过程评价和结果评价方式，虽然评价指标设计较为简单，但这些内容是老年人的主观感受最直接和最关注的服务需求，消费群体做出的评价结果是养老机构整体质量评判的主要依据。因此，老年人评价指标体系要和法律规定的居家养老服务设施的标准化内容要求相适应，才能对养老服务设施的绩效评价有更大的参考意义。总之，老年人对居家养老服务设施及其服务内容的体验和感受在促进设备升级、人员素质提升、服务内容扩充、服务功能定位和服务过程优化方面具有重要的推动作用。

3. 构建第三方绩效评价机制

所谓的第三方是指除了服务主体（被评估者）和服务对象之外的中立组织。在通常情况下，第三方评估机构和服务主体、服务对象之间并不存在必然的隶属关系，相互之间也没有根本的利益关联，中立第三方的评估结果既不会有内部自评的自我美化倾向，也不会有服务对象较为主观的片面感受和情绪性表达，结果往往较为客观并易被服务双方所接受。为了保证第三方评估的客观、公正和科学，第三方组织应具备独立性、专业性和权威性。第三方评估机构一般由当地评价机构、质量监督组织、医疗护理机构与相关服务机构合作，吸收各方专业技术人员包括社会工作者、医生、心理医生、康复师和护士等构成。第三方评估机构接到委托申请之后与委托方签订评估合同，在委托方的协助下获取所需信息，经过事前准备和分析进行实地考察，依托科学的评估指标体系，进行客观具有公信力的测评。政府部门在选择和使用第三方评估结果时，应对第三方测评结果在独立性、信度、效度、全面性、可理解性、功能性等作出分析和评估，选择最适合的第三方评估机构进行合作。

第三方评估是一项系统工作，除了确定评估主体外，还要针对不同的评估对象设计出不同的评估指标和评价标准。各服务主体在服务内容、功能、手段等方面的不同决定了指标设计要综合考量。第三方评估要采用定量评估与定性评价相结合的评估方法，根据委托者的要求对居家养老服务承接者进行事前评估、事中评估和事后评估。评估的内容主要包括：组织资源投入、组织运营管理、服务质量效果、服务效率四个方面。其中组织资源投入是指居家养老服务组织的硬件设施配备、专业人员构成等是否符合相应的国家制度标准。组织运营管理的评价内容主要集中在日常服务的履行、运行环境的维护、人力资源管理与目标水平相比是否恰当。服务质量效果评价是一种结果评价，也就是看服务的实施是否维护了老年人的合法权益、是否和服务品质要求及服务计划相一致、是否体现人性化的设计效果。服务效率评价则要计算服务资源与之所能带来的服务收益之间的比例关系。第三方组织评估的焦点根据委托人的要求而有所不同，总体说来，在指标设计时要注意内容的细化但不能繁杂，相互之间避免交叉重复，尽量做到既精简又全面。

为了保障多维评价机制的顺利运行，首先要确保老年人和第三方组织评价行为具有合法性，评价结果具有法律效力。对于整体评价不符合规范标准的居家养老服务主体，政府管理部门要及时跟进，启动问责程序，督促其整改，对评价结果太差的通过问责退出机制，取消其服务供给资格。另外，评估结果要在民政部门网站与社区实时信息管理平台及时公布，为居家老人选择其所需的服务主体、服务内容、服务方式提供参考，引导服务承接者树立品牌意识，通过良性竞争淘汰服务质量差、运行不规范的从业者，保障老年人的合法权益。

参 考 文 献

一、译著

[1] 阿瑟·奥肯．平等与效率—重大的抉择［M］．陈涛，译．北京：中国社会科学出版社，2013.

[2] 安德鲁·坎贝尔，凯瑟琳·萨姆斯·卢克斯．战略协同［M］．任通海，龙大伟，译．北京：机械工业出版社，2000.

[3] 埃德加·博登海默．法理学—法律哲学与法律方法［M］．邓正来，译．北京：中国政法大学出版社，1999.

[4] 艾伦·肯迪．福利视角—思潮、意识形态及政策争论［M］．周薇，译．上海：上海人民出版社，2011 年．

[5] 彼得·德鲁克．非营利组织的管理［M］．吴振阳，译．北京：机械工业出版社，2010.

[6] 彼得·史托姆普卡．信任：一种社会学理论［M］．程胜利，译．北京：中华书局，2005.

[7] 萨瓦斯．民营化与公私部门的伙伴关系［M］．周志忍，译．北京：中国人民大学出版社，2002.

[8] 弗朗西斯·福山．信任：社会美德与创造经济繁荣［M］．彭志华，译．海口：海南出版社，2001.

[9] 弗雷德里克森．公共行政的精神［M］．张成福，译．北京：中国人民大学出版社，2003.

[10] 弗里德里希·冯·哈耶克．通往奴役之路［M］．王明毅，冯兴元，译．北京：中国社会科学出版社，1997.

[11] 莱斯特·萨拉蒙．公共服务中的伙伴—现代福利国家中政府与非

营利组织的关系［M］. 田凯，译. 北京：商务印书馆，2008 年.

［12］赫尔曼·哈肯. 协同学：大自然构成的奥秘［M］. 凌复华，译. 上海：上海译文出版社，2005.

［13］哈尔·肯迪格. 世界家庭养老探析［M］. 刘梦，付愫斐，杨衡平，译. 北京：中国劳动出版社，1997.

［14］金渊明. 韩国社会保障论争［M］. 金炳彻，陈倩，译. 北京：中国劳动社会保障出版社，2010.

［15］戴维·奥斯本，特德·盖布勒. 改革政府——企业精神如何改革着公营部门［M］. 上海市政协译组，东方译所，译. 上海：上海译文出版社，1996.

［16］菲利普·海恩斯. 公共服务管理的复杂性［M］. 孙健，译. 北京：清华大学出版社，2008.

［17］罗德里克·M. 克雷默，汤姆·R. 泰勒. 组织中的信任［M］. 管兵，刘穗琴，译. 北京：中国城市出版社，2003.

［18］罗尔斯. 正义论［M］. 何怀宏，何包钢，廖申白，译. 北京：中国社会科学出版社，1988.

［19］马尔萨斯. 人口论［M］. 郭大力，译. 北京：北京大学出版社，2008.

［20］尼尔·吉尔伯特，特雷尔. 社会福利政策导论［M］. 黄晨熹，周烨，刘红，译. 上海：华东理工大学出版社，2003.

［21］诺尔曼·金斯伯格. 福利分化比较社会政策批判导论［M］. 姚俊，张丽，译. 杭州：浙江大学出版社，2010.

［22］朴炳铉. 社会福利与文化——用文化解析社会福利的发展［M］. 高春兰，金炳彻，译. 北京：商务印书馆，2008.

［23］桑原洋子. 日本社会福利法制概论［M］. 韩君玲，邹文星，译. 北京：商务印书馆，2010.

［24］乌尔里希. 贝克. 世界风险社会［M］. 吴英姿，译. 南京：南京大学出版社，2004.

［25］珍妮特·V. 登哈特，罗伯特·B. 登哈特. 新公共服务——服

务，而不是掌舵［M］．丁煌，译．北京：中国人民大学出版社，2004.

二、中文著作

［1］陈佳贵，王延中．中国社会保障发展报告：让人人享有公平的社会保障［M］．北京：社会科学文献出版社，2010.

［2］陈雪萍．以社区为基础的老年人长期照护体系构建——基于杭州市的实证分析［M］．浙江大学出版社，2011.

［3］陈永杰，卢施羽．中国养老服务的挑战与选择——基于南海区的实证研究［M］．广州：中山大学出版社，2013.

［4］桂世勋．独生子女父母年老后的照顾问题——上海与东京老龄化对比研究［M］．上海：华东师范大学出版社，1994.

［5］郭爱妹，张戌凡．城乡“空巢”老人的生存状态与社会保障研究［M］．广州：中山大学出版社，2011.

［6］韩君玲．日本最低生活保障法研究［M］．北京：商务印书馆，2007.

［7］郝金磊．基于区域差异的中国农村养老保障模式研究［M］．北京：经济科学出版社，2013.

［8］胡薇．国家回归：社会福利责任结构的再平衡［M］．北京：知识产权出版社，2012.

［9］靳永翥．公共服务提供机制——以欠发达农村地区为研究对象［M］．北京：社会科学文献出版社，2009.

［10］李国珍．新农保体制下农村老年人养老研究——以湖北仙桃范湾村和汉川洪北村的调查为例［M］．北京：中国出版集团，2013.

［11］林闽钢．现代西方社会福利思想：流派与名家［M］．北京：中国劳动社会保障出版社，2012.

［12］刘德浩．社会保障公共服务体系构建：基于服务型政府的分析视角［M］．北京：中国经济出版社，2012.

［13］刘骥．阶级分化与代际分裂——欧洲福利国家养老金政治的比较分析［M］．北京：北京大学出版社，2008.

［14］刘汶蓉．反馈模式的延续与变迁：一项对当代家庭代际支持失衡

的再研究［M］. 上海：上海社会科学院出版社，2012.

［15］米红，杨翠迎. 农村社会养老保障制度基础理论框架研究［M］. 北京：光明日报出版社，2012.

［16］聂焱. 西部山区贫困家庭养老制度研究［M］. 北京：中国社会科学出版社，2013.

［17］裴晓梅，房莉杰. 老年长期照护导论［M］. 北京：社会科学文献出版社，2010.

［18］施巍巍. 发达国家老年人长期照护制度研究［M］. 北京：知识产权出版社，2012.

［19］宋健敏. 日本社会保障制度［M］. 上海：上海人民出版社，2012.

［20］宋金文. 日本农村社会保障——养老的社会学研究［M］. 北京：中国社会科学出版社，2007.

［21］苏振芳. 人口老龄化与养老模式［M］. 北京：社会科学文献出版社，2014.

［22］孙薇薇. 孝与折中主义——中国城市养老的实证研究［M］. 北京：经济科学出版社，2013.

［23］谭中和，赵巍巍，张兴. 主要国家和地区养老保障改革经验和发展趋势［M］. 北京：中国劳动社会保障出版社，2013.

［24］陶裕春. 失能老年人长期照护研究［M］. 南昌：江西人民出版社，2013.

［25］王萍，李树茁. 农村家庭养老的变迁和老年人的健康［M］. 北京：社会科学文献出版社，2011.

［26］王浦劬，莱斯特·M. 萨拉蒙. 政府向社会组织购买公共服务研究——中国与全球经验分析［M］. 北京：北京大学出版社，2013.

［27］王桥. 东亚：人口少子高龄化与经济社会可持续发展［M］. 北京：社会科学文献出版社，2012.

［28］王树文. 我国公共服务市场化改革与政府管制创新［M］. 北京：人民出版社，2013.

［29］王树新．社会变革与代际关系研究［M］．北京：首都经济贸易大学出版社，2004.

［30］王延中．中国社会保障发展报告［M］．北京：社会科学文献出版社，2014.

［31］王卓祺．东亚国家和地区福利制度——全球化、文化与政府角色［M］．北京：中国社会出版社，2011.

［32］吴玉韶．中国老龄产业发展报告（2014）［M］．北京：社会科学文献出版社，2014.

［33］伍小兰．台湾老年人的长期照护［M］．北京：中国社会出版社，2010.

［34］杨立雄，于洋，金炳彻．中日韩生活保护制度研究［M］．北京：中国经济出版社，2012.

［35］杨团，房莉杰．当代社会政策研究之八——老龄时代的新思维［M］．北京：社会科学文献出版社，2013.

［36］杨燕绥．中国老龄社会与养老保障发展报告［M］．北京：清华大学出版社，2013.

［37］张晖．居家养老服务输送机制研究——基于杭州的经验［M］．杭州：浙江大学出版社，2014.

［38］张恺悌，郭平．中国人口老龄化与老年人状况蓝皮书［M］．北京：中国社会出版社，2010.

［39］张丽云，李皎洁，彭琳．国外及港澳台老年社会保障制度研究［M］．北京：中国社会出版社，2011.

［40］张岭泉．农村代际关系和家庭养老［M］．石家庄：河北大学出版社，2012.

［41］张文娟．劳动力外流背景下的中国农村老年人家庭代际支持研究［M］．北京：中国人口出版社，2008.

［42］赵立新．德国日本社会保障法研究［M］．北京：知识产权出版社，2008.

［43］赵曼，吕国营．城乡养老保障模式比较研究［M］．北京：中国

劳动社会保障出版社，2010.

［44］郑功成．中国社会保障改革与发展战略——养老保险卷［M］．北京：人民出版社，2011.

［45］郑功成．中国社会保障制度变迁与评估［M］．北京：中国人民大学出版社，2002.

［46］中华人民共和国民政部．2014 中国民政统计年鉴［M］．北京：中国统计出版社，2014.

［47］周沛．社会福利体系研究［M］．北京：中国劳动出版社，2007.

［48］曾毅．老年人口家庭、健康与照料需求陈本研究［M］．北京：科学出版社，2010.

三、中文论文

［1］陈琤．公共服务多元提供：问责与风险分配的视角［J］．中山大学学报（社会科学版），2014，54（04）：169-175.

［2］陈建兰．城市“空巢”老人养老中存在的问题及对策——以苏州为个案［J］．兰州学刊，2009（09）：115-119.

［3］陈皆明．投资与赡养——关于城市居民代际交换的因果分析［J］．中国社会科学，1998（06）：131-149.

［4］陈皆明．中国养老模式：传统文化、家庭边界和代际关系［J］．西安交通大学学报（社会科学版），2010，30（06）：44-50+61.

［5］陈竞．邻里互助网络与当代日本社会的养老关怀［J］．中南民族大学学报（人文社会科学版），2008（03）：106-109.

［6］陈涛，肖云．民办养老机构服务人员培育的障碍与对策［J］．社会保障研究，2013（03）：49-55.

［7］慈勤英，赵彬．论社会建设中的信任机制问题［J］．湖南社会科学，2014（05）：55-60.

［8］崔恒展．基于唐朝给侍制度的家庭养老支持政策思考［J］．山东社会科学，2013（08）：53-58.

［9］戴卫东．家庭养老的可持续性分析［J］．现代经济探讨，2010（02）：22-26.

[10] 丁建定，李薇．论中国居家养老服务体系建设中的核心问题 [J]．探索，2014（05）：138-143.

[11] 丁建定．居家养老服务：认识误区、理性原则及完善对策 [J]．中国人民大学学报，2013，27（02）：20-26.

[12] 董红亚．中国政府养老服务发展历程及经验启示 [J]．人口与发展，2010，16（05）：83-87.

[13] 董力堃．强化政府养老保障责任的理论模式与路径分析 [J]．华东经济管理，2010，24（09）：133-137.

[14] 董彭滔．建立健全中国家庭养老支持政策探析 [J]．老龄科学研究，2014，2（02）：10-17.

[15] 杜乃俭．东亚文明的凤凰涅槃——儒家文化的现代转换与东亚经济的崛起 [J]．理论导刊，2006（08）：108--110.

[16] 费孝通．家庭结构变动中的老年赡养问题——再论中国家庭结构的变动 [J]．北京大学学报（哲学社会科学版），1983（03）：7-16.

[17] 风笑天．从“依赖养老”到“独立养老”——独生子女家庭养老观念的重要转变 [J]．河北学刊，2006（03）：83-87.

[18] 风笑天．第一代独生子女婚后居住方式：一项 12 城市的调查分析 [J]．人口研究，2006（05）：57-63.

[19] 付诚，王一．政府与市场的双向增权——社会化养老服务的合作逻辑 [J]．吉林大学社会科学学报，2010，50（05）：24-29.

[20] 宫丽艳．论韩国孝道文化传承对中国的启示 [J]．学术交流，2014（09）：211-215.

[21] 关信平．当前我国社会保障制度公平性分析 [J]．苏州大学学报（哲学社会科学版），2013，34（03）：1-9+191.

[22] 郭红艳，王黎，彭嘉琳，等．日本养老机构服务质量评价研究进展及其对我国的启示 [J]．中国护理管理，2013，13（05）：99-102.

[23] 郭佩霞．推动慈善捐赠的税收激励与政策完善 [J]．税收经济研究，2014，19（02）：24-28.

[24] 韩君玲．日本生活保护基准的法制化及启示 [J]．环球法律评

论，2008（01）：86-96.

［25］何芸．农村家庭结构变迁及其对养老保障的影响分析［J］．社会保障研究，2011（01）：74-80.

［26］贺雪峰．农村家庭代际关系的变动及其影响［J］．江海学刊，2008（04）：108-113+239.

［27］黄俊辉，李放，赵光．需求评估：构建社会养老服务体系的关键环节［J］．老龄科学研究，2014，2（08）：52-58.

［28］姬兆亮，戴永翔，胡伟．政府协同治理：中国区域协调发展协同治理的实现路径［J］．西北大学学报（哲学社会科学版），2013，43（02）：122-126.

［29］吉鹏．社会养老服务供给主体间关系解析——基于委托代理理论的视角［J］．社会科学战线，2013（06）：184-189.

［30］贾锋．农村失独老人社会救助权的国家保障［J］．理论探索，2014（02）：115-120.

［31］姜向群，郑研辉．中国老年人的主要生活来源及其经济保障问题分析［J］．人口学刊，2013，35（02）：42-48.

［32］金炳彻．韩国国民最低生活保障制度受助人选定的现状和问题［J］．社会科学，2009（01）：79-87+189-190.

［33］金炳彻．老龄化过程中的中、韩、日三国老年收入保障的现状与课题［J］．社会保障研究，2008（01）：97-111.

［34］金成垣，张京萍．福利国家形成的韩国式经验——后发型福利国家化论之可能性［J］．社会保障研究（北京），2007（01）：105-127.

［35］金教诚，金炳彻．韩国国家福利水平的诊断与评价［J］．社会保障研究，2008（01）：50-63.

［36］李辉，任晓春．善治视野下的协同治理研究［J］．科学与管理，2010，30（06）：55-58.

［37］李军．公共政策视阈下政府购买居家养老服务研究［J］．江苏大学学报（社会科学版），2014，16（05）：16-23.

［38］李文琦．积极老龄化视域下的社会化养老服务体系建设——基于

陕西省养老服务现状的考察分析［J］．西北大学学报（哲学社会科学版），2013，43（04）：130-135.

［39］李晓芳．农村家庭养老功能弱化与代际关系转变［J］．未来与发展，2014，36（02）：79-82+30.

［40］林闽钢，梁誉，刘璐婵．中国老年人口养老状况的区域比较研究——基于第六次全国人口普查数据的分析［J］．武汉科技大学学报（社会科学版），2014，16（02）：204-208.

［41］林闽钢．城市贫困救助的目标定位问题——以中国城市居民最低生活保障制度为例［J］．东岳论丛，2011，32（05）：13-19.

［42］林闽钢．论我国社会养老服务的公益性及实现途径［J］．人口与社会，2014，30（01）：7-11.

［43］刘爱玉，杨善华．社会变迁过程中的老年人家庭支持研究［J］．北京大学学报（哲学社会科学版），2000（03）：59-70.

［44］刘立国．农村家庭养老中的代际交换分析及其对父代生活质量的影响［J］．南方人口，2004（02）：52-57.

［45］刘茂松．论家庭功能及其变迁［J］．湖南社会科学，2001（02）：30-34.

［46］刘伟忠．协同治理的价值及其挑战［J］．江苏行政学院学报，2012（05）：113-117.

［47］刘志英．发展社会化养老服务：问题与对策研究——以湖北省为例［J］．学习与实践，2011（07）：118-124.

［48］柳清瑞，翁钱威．基于人口老龄化的老年津贴供求分析［J］．中国软科学，2010（12）：70-81+106.

［49］龙书芹，风笑天．城市居民的养老意愿及其影响因素——对江苏四城市老年生活状况的调查分析［J］．南京社会科学，2007（01）：98-105.

［50］楼苏萍．东亚福利体制研究述评［J］．山东社会科学，2012（03）：136-139.

［51］陆世宏．协同治理与和谐社会的构建［J］．广西民族大学学报

（哲学社会科学版），2006（06）：109-113.

［52］马红鸽．合作收益视阈截至下农村养老支持力体系构建研究［J］．社会保障研究，2015（01）：52-58.

［53］马亮，于文轩．第三方公共服务绩效评价的评价：一项比较案例研究［J］．南京社会科学，2013（05）：55-63.

［54］马庆钰，谢菊．政府购买社会组织服务的规范化［J］．理论探讨，2012（06）：144-147.

［55］孟艳春．中国养老模式与优化路径探析［J］．河北学刊，2011，31（01）：129-132.

［56］穆光宗．家庭养老面临的挑战以及社会对策问题［J］．中州学刊，1999（01）：64-67.

［57］欧黎明，朱秦．社会协同治理：信任关系与平台建设［J］．中国行政管理，2009（05）：118-121.

［58］彭华民，黄叶青．福利多元主义：福利提供从国家到多元部门的转型［J］．南开学报，2006（06）：40-48.

［59］彭松建．凯恩斯的人口经济理论［J］．北京大学学报（哲学社会科学版），1986（06）：52-59.

［60］朴炳铉，高春兰．儒家文化与东亚社会福利模式［J］．长白学刊，2007（02）：141-143.

［61］齐艳芬．城镇化加速期城市公共服务供给新路径——多元协同网络供给［J］．当代世界与社会主义，2013（01）：165-168.

［62］钱宁．非营利组织的管理风险与社会服务机构的发展问题［J］．学习与实践，2011（10）：73-79.

［63］钱雪飞．影响城乡老年人生活满意度的社区养老社会环境建设现状——基于1440份问卷调查［J］．西北人口，2011，32（03）：58-62.

［64］曲绍旭．考量与建构：福利多元主义视角下灾害致残者社会救助主体研究［J］．社会保障研究，2012（04）：93-97.

［65］石国亮．慈善组织公信力重塑过程中第三方评估机制研究［J］．中国行政管理，2012（09）：64-70.

[66] 石金群，王延中．试论老年精神保障系统的构建［J］．社会保障研究，2013（02）：3-15.

[67] 宋宝安．老年人口养老意愿的社会学分析［J］．吉林大学社会科学学报，2006（04）：90-97.

[68] 宋健．“四二一”结构家庭的养老能力与养老风险——兼论家庭安全与和谐社会构建［J］．中国人民大学学报，2013，27（05）：94-102.

[69] 宋金文．当代日本家庭论与老年人扶养［J］．社会学研究，2001（05）：95-104+125.

[70] 宋强玲．失独家庭养老问题及对策研究［J］．人民论坛，2013（05）：126-127.

[71] 孙芳兰，孟昀，杨安源．论社会信任机制建构中的三重维度［J］．江西农业大学学报（社会科学版），2012，11（01）：126-130.

[72] 孙鹃娟．中国老年人的居住方式现状与变动特点——基于“六普”和“五普”数据的分析［J］．人口研究，2013，37（06）：35-42.

[73] 唐灿．中国城乡社会家庭结构与功能的变迁［J］．浙江学刊，2005（02）：202-209.

[74] 唐钧．失能老人护理补贴制度研究［J］．江苏社会科学，2014（02）：75-82.

[75] 田玲，张思峰．居家养老服务发展的思路框架与制度安排——基于国际实践经验的分析探讨［J］．理论与改革，2014（06）：56-59.

[76] 田香兰，严基郁．日韩老年人护理保障制度比较与借鉴［J］．东北亚论坛，2009，18（02）：54-60.

[77] 万国威，刘梦云．“东亚福利体制”的内在统一性——以东亚六个国家和地区为例［J］．人口与经济，2011（01）：1-9.

[78] 汪锦军．构建公共服务的协同机制：一个界定性框架［J］．中国行政管理，2012（01）：18-22.

[79] 王翠绒，邹会聪．农村家庭养老模式的文化诠释［J］．湖南师范大学社会科学学报，2010，39（03）：11-14.

[80] 王广州．独生子女死亡总量及变化趋势研究［J］．中国人口科

学，2013（01）：57-65+127.

［81］王树新．论城市中青年人与老年人分而不离的供养关系［J］．中国人口科学，1995（03）：38-42.

［82］王树新，马金．人口老龄化过程中的代际关系新走向［J］．人口与经济，2002（04）：15-21.

［83］王思斌．我国适度普惠性社会福利制度的建构［J］．北京大学学报（哲学社会科学版），2009，46（03）：58-65.

［84］王素英，张作森，孙文灿．医养结合的模式与路径——关于推进医疗卫生与养老服务相结合的调研报告［J］．社会福利，2013（12）：11-14.

［85］王伟．日本家庭养老模式的转变［J］．日本学刊，2004（03）：98-109.

［86］王卫．宪政视野中的社会协同——基于我国城市基层治理问题研究［J］．深圳大学学报（人文社会科学版），2010，27（02）：69-72.

［87］马一．当代中国失独家庭救济机制的系统建构［J］．山东大学学报（哲学社会科学版），2014（03）：42-51.

［88］王跃生．农村家庭代际关系理论和经验分析——以北方农村为基础［J］．社会科学研究，2010（04）：116-123.

［89］王跃生．中国家庭代际关系的维系、变动和趋向［J］．江淮论坛，2011（02）：122-129.

［90］温海红，张永春，文成．陕西省城镇社区养老服务现状分析及其体系构建——基于西安市的调查分析［J］．西北大学学报（哲学社会科学版），2013，43（05）：15）：134-139.

［91］吴飞．紧缩政治学视域下社会福利政策的变迁——以撒切尔政府社会福利改革为考量［J］．河南大学学报（社会科学版），2015，55（01）：58-64.

［92］肖莎．我国社区居家养老服务的现状及问题［J］．江南论坛，2013（11）：31-32.

［93］谢坚钢．嵌入的信任：社会信任的发生机制分析［J］．华东师范

大学学报（哲学社会科学版），2009，40（01）：102-107.

［94］杨善华，贺常梅．责任伦理与城市居民的家庭养老——以“北京市老年人需求调查”为例［J］．北京大学学报（哲学社会科学版），2004（01）：71-84.

［95］杨善华．中国当代城市家庭变迁与家庭凝聚力［J］．北京大学学报（哲学社会科学版），2011，48（02）：150-158.

［96］杨思斌．社会保险法实施的理论阐释与配套法规保障［J］．中国劳动关系学院学报，2014，28（02）：77-81.

［97］杨团．公办民营与民办公助——加速老年人服务机构建设的政策分析［J］．人文杂志，2011（06）：124-135.

［98］杨秀凌，黄可，康佳宁．农村养老服务体系建设中的政府责任［J］．经济与社会发展，2014，12（04）：74-77.

［99］杨志军．多中心协同治理模式的内涵阐析［J］．四川行政学院学报，2010（04）：29-32.

［100］姚远．中国家庭养老研究述评［J］．人口与经济，2001（01）：33-43+11.

［101］野口定久．建设东亚福祉社会的视点——日本的地域福祉和中国的社区福利［J］．社会保障研究（北京），2007（01）：76-84.

［102］于咏华．弘扬孝道文化　促进社会和谐——传统孝道文化的社会学审视［J］．学习论坛，2010，26（11）：67-71.

［103］余飞跃．家庭养老的困境与出路——兼论孝与不孝的理性［J］．重庆大学学报（社会科学版），2011，17（05）：124-130.

［104］张国平．地方政府购买居家养老服务的模式研究：基于三个典型案例的比较［J］．西北人口，2012，33（06）：74-78.

［105］张秀兰，徐月宾．建构中国的发展型家庭政策［J］．中国社会科学，2003（06）：84-96+206-207.

［106］张盈华，闫江．中国养老服务现状、问题与公共政策选择［J］．当代经济管理，2015，37（01）：51-56.

［107］张云英，黄金华，王禹．论孝文化缺失对农村家庭养老的影响

[J]. 安徽农业大学学报（社会科学版），2010，19（01）：57-62.

［108］张正军，刘玮．社会转型期的农村养老：家庭方式需要支持[J]. 西北大学学报（哲学社会科学版），2012，42（03）：60-67.

［109］张仲兵，徐宪．养老服务体系保障机制建设研究［J］. 湖南社会科学，2014（02）：108-112.

［110］章晓懿．政府购买养老服务模式研究：基于与民间组织合作的视角［J］. 中国行政管理，2012（12）：48-51.

［111］郑巧，肖文涛．协同治理：服务型政府的治道逻辑［J］. 中国行政管理，2008（07）：48-53.

［112］钟家新．日本应对人口老龄化的社会保障改革及其对中国的启示［J］. 社会保障研究，2014，19（01）：164-172.

［113］钟涨宝，冯华超．论人口老龄化与代际关系变动［J］. 北京社会科学，2014（01）：85-90.

［114］周明宝．社会转型期代际关系嬗变［J］. 长江论坛，2012（02）：70-75.

［115］周沛．福利国家和国家福利——兼论社会福利体系中的政府责任主体［J］. 社会科学战线，2008（02）：205-213.

［116］周沛，管向梅．普惠性福利视角下城市高龄者养老社会化服务体系研究［J］. 东北大学学报（社会科学版），2011，13（04）：323-327.

［117］周晓虹．孝悌传统与长幼尊卑：传统中国社会的代际关系［J］. 浙江社会科学，2008（05）：77-82+127-128.

四、学位论文

［1］曹煜玲．中国城市养老服务体系研究［D］. 东北财经大学，2011.

［2］李乐．养老服务社会化中的地方政府职能优化研究［D］. 复旦大学，2013.

［3］吕津．中国城市老年人口居家养老服务管理体系的研究［D］. 吉林大学，2010.

［4］刘光容．政府协同治理：机制、实施与效率分析［D］. 华中师范

大学，2008.

［5］吴敏．基于需求与供给视角的机构养老服务发展现状研究［D］．山东大学，2011.

［6］袁维勤．政府购买养老服务问题研究［D］．西南政法大学，2012.

［7］张旭升．政府购买居家养老服务参与主体的行动逻辑研究［D］．南京大学，2011.

［8］张缨．信任、契约及其规制［D］．中国社会科学院研究生院，2001.

［9］赵婷婷．我国城镇养老服务机构的问题研究［D］．南开大学，2013.

［10］赵毅博．日本养老保障体系研究［D］．吉林大学，2014.

［11］周娟．中国养老社区的服务、运营与培育研究［D］．武汉大学，2010.

五、外文文献

［1］LEISERING L. Dissolution and remoralisation old age and intergenerational relations in the globlelized welfare capitacism ［J］. Gerontologie und Geriatrie, 2002, 35 (4): 343-54.

［2］KLINGEBIEL C M, TESCHROMER, KONDRATOWITZ H J. The role of family for quality of life in old age-a comparative perspective ［M］. NY: Aldine de Gruyter , 2003: 327-354.

［3］BREZNAU N, BLOME A, KECK W, ALBER J. Family and the welfare state in europe: intergenerational relations in ageing societies ［J］. Physical Review D Particles & Fields, 2010, 87 (8): 598-607.

［4］ANSELL, GASH. Collaborative governance in theory and practice ［J］. Journal of Public Administration Research and Theory, 2007 (18): 543-571.

［5］BECKER G S, TOMES N. An equilibrium theory of the distribution of income and intergenerational mobility ［J］. Journal of Political Economy, 1979 (6): 1153-1189.

[6] CALDWELL J C. Toward a restatement of demographic transition theory [J]. Population and Development Review, 1976 (2): 321-366.

[7] CHAPPELL N L, DLITT B H, HOLLANDER M J , MILLER J A, MCWILLIAM C. Comparative costs of home care and residential care [J]. The Gerontologist, 2004, 44 (3): 389-400.

[8] CHEN X, SILVERSTEIN. Social support and psychological well-being of the elderly in China [J]. Research on Aging, 2000, 22 (1): 43-45.

[9] DOWD J. Aging as exchange: A preface to theory [J]. Journal of Gerontology, 1975 (30): 584-594.

[10] FORRER J, KEE J E, BOYER. Public private partnerships and the public accountability question [J]. Public Adminis-tration Review, 2010 (5): 475-784.

[11] GOODY, WILLIAM J, World revolution and family patterns [M]. New York: Free Press of Glencoe, 1963.

[12] GUAT TIN NG. Support for family caregivers: what do service providers say about accessibility, availability and affordability of services? [J]. Health and Social Care in the Community, 2009, 17 (6): 590-598.

[13] KUNENUMD H, REIN M, There is more receiving than needing: theoretical arguments and empirical of crowding in and crowding out [J]. Ageing and Society, 1999 (19): 93-121.

[14] HENNESSY C H, JOHN R. American Indian family caregivers perceptions of burden and needed support services [J]. Journal of Applied Gerontolgy, 1996, 15 (3): 275-293.

[15] HENRY B, HANSMANN. The role of nonprofit enterprise [J]. in The Yale Law Journal, 1980, 89 (5): 835-901.

[16] HODGE, GRAEM COGHILL, KEN. Accountability in the privatized state [J]. Governance, 2007, 20 (4): 675-702.

[17] IRIS CHI, SILVERSTEIN M. Intergenerational family support for chinese older adults [J]. International Journal of Social Welfare, 2011 (20):

1-3.

[18] WARBURTON J, GRASSMAN E J. Variations in older people's social and productive ageing activities across different social welfare regimes [J]. International Journal of Social Welfare, 2011 (20): 180-191.

[19] LIANG JING, ZHANG PEIPEI. Effect of intergenerational and intragenerational support on perceived health of older adults: a population-based analysis in rural China [J]. Family Practice, 2014, 31 (2) 164-171.

[20] CALANNI J, WEIBLE C, LEACH W. Explaining coordination networks in collaborative partnerships [C]. Western Political Science Association 2010 Annual Meeting Paper, 2010: 1-37.

[21] LIN JU-PING, YI CHIN-CHUN. A comparative analysis of intergenerational relations in East Asia [J]. International Sociology, 2013, 28 (3): 297-315.

[22] PARK K S, PHUA VOONCHIN, MCNALLY J, SUN RONGJUN. Diversity and structure of intergenerational relationships: elderly parent - adult child relations in korea [J]. Journal of Cross-CulturalGerontology, 2005 (20): 285-305.

[23] AYSAN M F, BEAUJOT RODERIC. Welfare regimes for aging populations: no single path for reform [J]. Population Development Review, 2009, 35 (4): 701-720.

[24] MELIYANNIJOHAR, MARUYAMA SHIKO. Intergenerational cohabitation in modern Indonesia: filial support and dependence [J]. Health Economics, 2011 (20): 87-104.

[25] MORGAN P S, HIROSIMA K. The persistence of extended family residence in Japan [J]. American Sociological Review, 1983 (48): 269-281.

[26] Neil Gilbert. Transformation of the welfare state: the silent surrender of public responsibility [M]. New York : Oxford University Press , 2002.

[27] DU PENG. Intergenerational solidarity and old-age support for the social inclusion of elders in Mainland China: the changing roles of family and government [J]. Ageing and Society, 2013, 33 (1): 44-63.

[28] ROSE R. Common Goals But Different Roles: The State' s Contribution to the Welfare Mix [M]. New York: Oxford University Press, 1986: 13-59.

[29] ROSSI, ALICE S, ROSSI P H. Of Human Bounding: Parent-Child Relations Across the Life Course [M]. New York: Aldine de Gruyter, 1990.

[30] KATZ RUTH. Intergenerational family relations and subjective well-being in old age: a cross-national study [J]. Eur J Ageing, 2009 (6): 79-90.

[31] SADAMIKURATA, TOSHIYUKI OJIMA. Knowledge, perceptions, and experiences of family caregivers and home care providers of physical restraint use with home-dwelling elders: a cross-sectional study in Japan [J]. BMC Geriatrics, 2014, 14 (1): 39.

[32] SAHLINS, MARSHALL, Stone Age Economics [M]. Chicago: Aldine-Atherton, 1972.

[33] SILVERSTEIN M, BENGSTON. Do close parent - child relations reduce the mortality risk of olderparents [J]. Journal of Health and Social Behavior, 1991 (32): 382-395.

[34] SILVERSTEIN M, GANS , LOWENSTEIN A , GIARRUSSO R , BENGTSON. Older parent - child relationships in six developed nations: Comparisons at the intersection of affection and conflict [J]. Journal of Marriage and Family, 2010 (72): 1006-1021.

[35] SILVERSTEIN, MERRIL, BENGTSON, VERN L. Intergenerational solidarity and the structure of adult child-parent relationships in American families [J]. American Journal of Sociology, 1997, 103 (2): 429-460.

[36] VAN GAALEN R I, DYKSTRA P A. Solidarity and conflict between adult children and parents: A latent class analysis [J]. Journal of Marriage and Family, 2006 (68): 947-960.

[37] WOLINSKY F D, COE R M, MILLER D K. Measurement of the golbe and functional dimensions of health status in the elderly [J]. Journal of Gerontology, 1984 (10), 88-92.

附录1　代际养老服务供给现状问卷调查

1. 您的性别：　□男　□女

2. 您属于哪个年龄阶段：

□25 岁以下　□25~29 岁　□30~34 岁

□35~40 岁　□40 岁以上

3. 您的婚姻状况：

□已婚　□未婚　□丧偶

□离婚　□已婚分居

4. 您的最高学历是：

□没有上过学　□小学　□初中

□高中　□中专　□大专

□本科　□本科以上学历

5. 您的职业是：

□公务员　□行政事业单位人员　□商业或服务业

□农业、养殖业　□技术工人　□个体工商户

□军人　□企业管理　□教师

□医护人员　□未工作　□学生

□其他

6. 您是独生子女吗？如果不是有几个兄弟姐妹？

□独生子女　□1 个兄弟姐妹　□2 个

□3 个　□3 个以上

7. 您现在和父母一起居住吗？

□一起（跳过第 8 问）□不在一起

8. 您不和父母一起居住的原因是？

□向往独立生活 □婚后另组家庭 □异地工作

□异地上学 □家中房子太小 □其他原因

9. 您现在每个月有没有房屋贷款

□有，且很多 □有，但不多 □没有

10. 您现在有没有自己的孩子？

□有 □没有（跳过11问）

11. 您的孩子一般由谁照看？

□自己 □配偶 □爷爷或奶奶

□姥姥或姥爷

12. 您的父母或配偶的父母会对您的孩子提供财物或其他方面的资助吗？

□经常 □一般 □不经常

13. 您感觉抚育孩子的压力大吗？

□大 □一般 □很大

14. 您感觉您赡养父母的压力大吗？

□不大（跳过15问） □一般 □比较大

□很大

15. 您认为您赡养父母的较大压力来源于：（可多选）

□经济压力 □时间压力 □工作压力

□身体和心理压力 □人手压力 □没有足够精力

□其他

16. 您认为您和您的父母亲近吗？

□亲近 □比较亲近 □一般

□不太亲近 □很不亲近

17. 如果您的父亲或母亲突发疾病或其他原因成为失能老人（生活不能自理）您会：

□亲自照料（如有必要会辞去工作）

□由您的配偶照料

□让您能自理的父亲或母亲照料

□请保姆或护工照料

□送养老院或敬老院照料

□如果有日间照料中心白天送去，下班后自己照料

□其他办法

18. 如果您父母一方生活不能完全自理（或去世），另一方父母成为失能老人（生活不能自理）您会：

□亲自照料（如有必要会辞去工作）

□由您的配偶照料

□请保姆或护工照料

□送养老院或敬老院照料

□如果有日间照料中心白天送去，下班后自己照料

□其他办法

19. 您大概多久和父母见一次面？

□每天　　□三天之内　　□一个星期

□半个月　　□一个月　　□三个月

□半年　　□一年

20. 在过去一年时间中您有没有给过父母经济资助？

□有，但次数不多　　□有，次数较多　　□没有

21. 在过去一年时间中您有没有接受过父母的经济资助？

□有，次数不多　　□有，次数较多　　□没有

22. 在过去半年时间中您和父母聊天的频率高吗？

□高　　□不高　　□一般

23. 不和父母同住，您会经常看望父母，并主动嘘寒问暖吗？

□能做到　　□做得还不够　　□因各种原因做不到

24. 如果父母想找您谈心事和困难，您会：

□一般愿意听　　□不愿意听　　□有时候不愿意听

□没有时间听

25. 在过去半年中您的父母有没有过生病卧床或住院的情况？谁在照料？

□有 □没有

□自己照料 □没有生病的父亲或母亲照料

□配偶照料 □兄弟姐妹 □父母的兄弟姐妹

□保姆或护工 □没有人照料

□邻里朋友 □其他

26. 您认为您的父母应该选择什么样的养老方式？

□居家养老 □机构养老

27. 您的父母参加基本养老保险了吗？

□参加了 □没有参加

□一个参加了一个没参加

28. 您认为父母的基本养老金足够养老吗？

□根本不够 □不太够 □基本够

□完全够用

29. 您认为下面哪部分费用给您或将会给您造成的负担最重？

□父母的生活费用 □父母的照料费用 □父母的医疗费用

□父母的康复费用 □父母的家政服务费用

□父母的保健费用 □父母的其他费用

30. 如果您现在没有和父母同住，您愿意将来和他们一起居住吗？

□不愿意

□愿意，但要征询配偶意见

□愿意

附录2　老年父母养老现状及需求问卷调查

第一部分：被访者的个人、家庭及经济状况

1. 您的性别：　□男　□女

2. 您属于哪个年龄阶段：

□55～59 岁　□60～64 岁　□65～69 岁

□70～74 岁　□75～79 岁　□80～84 岁

□85 岁及以上

3. 您的婚姻状况：

□已婚　□未婚　□丧偶

□离婚　□已婚分居

4. 您的最高学历是：

□没有上过学　□小学　□初中

□高中　□大中专　□本科及以上学历

5. 您子女的状况：

□健康状况良好　□健康状况较差　□残障人士

□没有子女　□有子女意外去世　□独生子女去世

6. 您子女的个数是：

□1 个　□2 个　□3 个

□4 个　□5 个及以上

7. 和子女的居住距离：

□同城，距离很近　□同城，距离很远　□子女异地定居

□子女外出务工　□同住

8. 您现在需要工作或劳动吗?

□是的，工作或劳动压力更大

□是的，工作或劳动压力减少

□不再工作或劳动

9. 您的经济来源：（可多选）

□离退休养老金　　□子女资助生活费用

□劳动收入　　□最低生活保障金

□财产性收入（房租、地租、有价证券等）

□政府补助　　□其他收入

第二部分：健康及日常生活状况

1. 您认为您目前的健康状况：

□很好（跳过第 2 问）

□良好　　□一般　　□不好

2. 您是否患有以下疾病：（可多选）

□高血压　　□糖尿病　　□心脏病

□中风　　□痛风　　□白内障或青光眼

□癌症或恶心肿瘤　　□支气管炎或呼吸道疾病

□关节炎或腰部疾病　　□胃病

□肝脏胆囊或膀胱类疾病

□其他类疾病

3. 在过去 12 个月中有没有因病卧床的状况？大概持续多长时间?

□没有　　□有，大概一个星期

□有，超过一个星期　　□有，超过一个月

4. 有了伤病您一般采取什么措施?

□不采取措施　　□自我医疗

□到医疗机构看病（跳过第 5 问）

5. 您没有到医疗机构看病是因为：

□经济困难　　□医院看病太贵　　□自我感觉病情较轻

□医院看病资源紧张 □医院技术不好 □感觉老了没有必要
□其他原因

6. 您生病的时候主要由谁照顾？

□自己 □配偶 □子女
□孙子女 □亲戚、朋友、邻居 □社区服务机构
□保姆 □单位人员帮扶 □义工或志愿者

7. 您的生活自理状况：

□完全自理
□不能完全自理，有些需要他人帮助
□完全不能自理

8. 您日常生活中费用支出额度排在第一位的是：

□生活费 □医疗费 □雇佣保姆的费用
□购买养老服务的费用 □支持子女的费用 □抚养孙子女的费用

9. 您的医疗费用支出来源主要是：

□自费 □公费 □医疗保险报销
□商业保险报销

第三部分：老年人养老方式调查

1. 您最期望的养老方式是：

□居家养老 □机构养老 □其他养老方式

2. 您是否担心您今后的养老问题？

□非常担心 □比较担心 □有点担心
□不担心

3. 您有没有生活或养老压力，主要来源是：（可多选）

□没有 □经济负担 □疾病困扰
□精神或心理压力 □无人提供照料 □照顾配偶
□生病得不到治疗 □照顾子女或孙子女 □子女不孝

4. 您有没有过心理孤独或寂寞无助感?

□没有　　□有，但不经常　　□有，经常出现

□有，且很严重

5. 您经常和朋友或邻居见面聊天或一起活动吗?

□经常　　□较经常　　□一般

□较少　　□很少

6. 您对目前医疗体系提供的医疗服务满意吗?

□非常满意　　□比较满意　　□一般

□不是很满意　　□非常不满意

第四部分：老年父母家庭代际支持现状和需求

1. 您现在是否和子女一起生活?

□是

□否，因子女结婚后另外居住

□否，因子女外出务工或异地工作，不在家

□否，因和子女生活在一起不习惯

□否，因子女意外去世

2. 您多长时间能见到子女?

□每天　　□三天之内　　□一个星期

□半个月　　□一个月　　□一个月以上

3. 子女会经常陪你聊天或打电话吗?

□经常　　□偶尔　　□基本没有

□说不清楚

4. 子女会经常看望您并主动照顾您的日常生活吗?

□经常　　□偶尔　　□基本没有

□说不清楚

5. 您认为子女的生活压力大吗?

□大　　□不大　　□说不好

6. 您认为目前您的子女养老压力大吗?

□大　　□不大　　□说不好

7. 您有没有经常资助子女？（经济上、社会交往上等）

□经常　□不经常　□说不好

8. 您有没有帮助子女照看孙子女？

□有　□没有　□偶尔照看

9. 您认为您和子女之间关系融洽吗？

□融洽　□不融洽　□说不好

□融洽但和儿媳或女婿关系不融洽

第五部分：老年人居家养老需求调查

1. 您认为您周围的邻里关系融洽吗？

□融洽　□不太融洽　□不融洽

□相互之间基本上不交流

2. 您所在的社区（或行政村）会经常组织邻里志愿者帮扶活动吗？

□经常　□不经常　□从来没有

3. 您希望社区（或行政村）经常开展哪些活动项目？（可多选）

□体育健身　□医疗保健　□文娱活动

□棋类活动　□公益活动　□学习交流活动

□旅游　□志愿者活动

4. 您认为以下哪些服务项目您最为需要？（可多选）

□送餐服务　□体育健身　□文化娱乐

□陪同看病　□心理咨询　□护理看护

□医疗保健　□法律援助　□日间托养

□家政服务　□矛盾调解　□紧急援助

5. 您希望居家养老服务机构增设哪些设施？

□老年人医疗保健室　□老年人心理咨询室

□老年人活动室　□健身器材和健身场所

□日间照料室　□老年医疗护理服务机构

□短期入住机构　□老年人家政服务机构

重要术语索引